W0060668

DER WEG ZUM MEISTER
Bonsai

HORST STAHL

DER WEG ZUM MEISTER
Bonsai

FRANCKH-KOSMOS

Mit 82 Farbfotos von
Herbert Langer, Stuttgart: 22
DIE GALERIE/Bonsai Rüger, Schöneck:
101, 104, 114, 115, 125, 128, 131
Horst Stahl, Haltern: alle übrigen
Mit 90 Zeichnungen von
Marianne Golte-Bechtle, Stuttgart: 57,
61, 62, 84 u.
Horst Stahl, Haltern: 8
Miloš Váňa, Prag: 18, 24, 25, 26, 27, 28,
38, 39, 44, 45, 46, 52, 58, 60, 75, 78, 82,
92, 94, 96, 98, 99, 100, 102, 103, 106,
107, 109, 112, 116, 119, 122, 124

Umschlaggestaltung von Atelier
Reichert, Stuttgart, unter Verwendung
von fünf Farbfotos von Horst Stahl,
Haltern

Bonsai – Der Weg zum Meister

Vorwort

Mein „Bonsai Grundkurs" vermittelt jedem Bonsai-Liebhaber die Sicherheit, seine Bonsai sachgerecht zu pflegen und die Form zu erhalten. Wie der Titel schon sagt, geht es hier um das Basiswissen.

Bonsai ist aber mehr, als nur die kleinen Kunstwerke richtig zu pflegen und zu erhalten. Jeder Bonsai wächst und verändert sich, worauf der Bonsai-Liebhaber reagieren muß. So stellt beispielsweise ein abgestorbener Ast nicht immer einen Verlust, sondern unter Umständen den Anstoß für neue Kreativität dar. Die Gestalt des Baumes muß unter Berücksichtigung der neuen Gegebenheiten vielfach völlig verändert und neu aufgebaut werden.

Wie Sie sachgerecht auf diese Herausforderungen reagieren können, ist Inhalt des Ihnen vorliegenden Buches.

Mit dem gewählten Titel „Bonsai – Der Weg zum Meister" will ich aber mehr ausdrücken, als nur die Vermittlung von Gestaltungstechniken. Ein Bonsai ist kein gärtnerischer Artikel wie eine normale Topfpflanze oder eine Gartenpflanze. Ein Bonsai ist auch mehr als nur das verkleinerte Abbild eines großen Baumes oder eines Stücks Natur. Bonsai ist eine Kunstrichtung, in der der Kunstgegenstand der Natur entnommen ist.

Niemand wird nur durch das Lesen dieses Buches zum Handwerksmeister oder gar zum Bonsai-Meister. Das Buch soll vielmehr den Anfang eines langen Weges darstellen, den jeder Bonsai-Enthusiast gehen wird, wenn er hinter das Wesen von Bonsai blicken will.

Sich mit Bonsai zu beschäftigen ist eine Philosophie, deren Ziel es ist, mehr über sich selbst zu erfahren. Ein Bonsai ist, mit dem inneren Auge betrachtet, ein reiner Ausdruck der Zen-Philosophie.

Während des rein technischen Prozesses der Formung eines Baumes, benutzen wir nicht nur unseren Verstand, sondern auch unser Gefühl. Im Laufe der Jahre tritt unsere intuitive Seite immer mehr in den Vordergrund, und wir nähern uns damit der eigenen Meisterschaft. Die von uns gestalteten Bäume erlangen neben der formalen Perfektion tiefere Ausdruckskraft.

Den Weg des Meisters zu gehen bedeutet, sich immer stärker über den tieferen Sinn seines Handelns und dessen Auswirkungen für die Zukunft im klaren zu werden.

Vordergründig bezieht sich diese Aussage auf den zu gestaltenden Baum. Tatsächlich beschleunigt Bonsai unseren eigenen inneren Gestaltungsprozeß.

Sowohl die praktischen Empfehlungen für die Gestaltung von guten Bonsai als auch die geistigen Hintergründe dieser einzigartigen Kunstform sind Inhalt dieses Buches.

Haltern, im August 1993   *Horst Stahl*

Bonsai und die Philosophie des Zen

Zur Gestaltung von Bonsai muß der Künstler die unterschiedlichsten Fähigkeiten und Fertigkeiten entwickeln. Da ist als erstes das gärtnerische Können zu nennen. Der gestaltete Baum muß richtig ver-

Das Yin-Yan-Zeichen symbolisiert die Einheit von zwei gegensätzlichen Polen.

sorgt werden, damit er gesund bleibt und sich weiterentwickeln kann. Auch müssen die gestalterischen Maßnahmen unter Berücksichtigung der biologischen Erkenntnisse vorgenommen werden, um dem Baum nicht zu schaden.

Als zweites muß der Bonsai-Künstler alle anzuwendenden Techniken so gut beherrschen, daß sie der Realisation seiner gestalterischen Intentionen dienen. Schneiden, Drahten, Umtopfen, Anwendung der Entrindungstechniken und Wundversorgung müssen sicher beherrscht und zum genau richtigen Zeitpunkt angewendet werden. Nur so wird das einmal gesteckte gestalterische Ziel auch wirklich erreicht.

Als drittes muß der Bonsai-Künstler sein künstlerisches Empfinden schulen. Schon

zu Beginn einer Gestaltung sollte das endgültige Gestaltungsziel vor dem geistigen Auge erscheinen, das schließt selbstverständlich die Auswahl der passenden Schale mit ein. Im Laufe der Zeit wird sich bei dem Bonsai-Schaffenden dieser künstlerische Bereich immer mehr vom bewußten zum intuitiven Handeln wandeln.

Je nach Entwicklungsgrad des Bonsai-Liebhabers nehmen die drei Bereiche einen unterschiedlichen Stellenwert ein. Der Bonsai-Anfänger wird hauptsächlich mit den gärtnerischen Problemen zu kämpfen haben und sich die grundsätzlichen Bonsai-Techniken erschließen. Die Schulung des künstlerischen Empfindens wird hier noch überwiegend im Betrachten guter Bonsai-Kunstwerke bestehen.

Der bereits fortgeschrittene Bonsai-Liebhaber wagt sich zunehmend an anspruchsvollere Gestaltungstechniken heran und macht damit auch erste Schritte in der Umsetzung von eigenen künstlerischen Intentionen, ohne darin aber Perfektion erlangt zu haben.

Für den Bonsai-Meister sind die gärtnerischen Maßnahmen selbstverständliche Fertigkeiten und die Gestaltungstechniken sicheres Handwerkszeug zur Schaffung von Kunstwerken. Der Bonsai-Meister ist also nur noch zum geringeren Teil Gärtner, überwiegend aber gestaltender Künstler.

Der Weg zum Meister ist für jeden Menschen unterschiedlich lang und ist niemals beendet. Mit jeder neuen Bonsai-Gestaltung beginnt auch ein neuer Weg. Ebensowenig wie ein Bonsai jemals als fertig zu betrachten ist, kann auch die Entwicklung zum Bonsai-Meister niemals als abgeschlossen gelten. Hier wie dort ist der Weg, nicht das Ziel, wichtig.

Der scheinbar ungeordnete Garten um einen Teepavillon soll den Gast auf die Tee-Zeremonie einstimmen.

Nimmt in Japan ein Bonsai-Meister einen Schüler auf, so wird dieser als erstes lernen zu gießen, zu düngen und Schädlinge zu bekämpfen. Nach und nach darf er dem Meister bei der Formerhaltung von Bonsai und vielleicht auch bei ersten Gestaltungen zur Hand gehen. Sieht der Meister seinen Schüler als würdig an, wird er dann irgendwann beginnen dürfen, eigene Gestaltungen vorzunehmen.
Die einzelnen Ausbildungsschritte können sich jeweils über mehrere Jahre hinziehen, je nach dem individuellen Entwicklungsstand des Schülers. Entsprechend handelt es sich hier weniger um eine klassische Handwerksausbildung, als vielmehr um eine Erziehung des Schülers im Sinne des Zen-Weges. Selbst wenn der Schüler irgendwann einmal das Haus sei-

nes Meisters verläßt und eigene Schüler in sein Haus aufnimmt, wird er seinem Meister lebenslang im Meister-Schüler-Verhältnis verbunden bleiben.

Der Zen-Weg

Bonsai ist vor etwa 800 Jahren von wandernden buddhistischen Zen-Mönchen aus China nach Japan gebracht worden. Der Buddhismus ist vom westlichen Standpunkt aus betrachtet nur bedingt eine Religion. Buddhismus ist keine Glaubensrichtung, in der einem etwas beigebracht wird. Entsprechend sind auch die Übungen des Zen sicherlich keine religiösen Handlungen. Buddhismus und damit auch Zen können vielmehr als Wege auf der Suche nach der Selbsterkenntnis bezeichnet werden.
Ziel der Selbsterkenntnis ist die Befreiung des Geistes von allen emotionalen und

Der Betrachtungsgarten mit seinen Felsen, geharktem Kies, Moos und gestalteten Bäumen vermittelt Ruhe für die Meditation.

intellektuellen Schranken. Um das zu erreichen gibt es zwei Möglichkeiten. Zum einen durch Meditation und zum anderen durch sich in das Gegenüber versetzen.

Der Zen-Meister Shigetsu Sasaki Sokei-an sagt: „Um als menschliches Wesen zu leben, müssen wir uns in all das hinein stellen, was uns umgibt. Wenn wir eine Tulpe in einem Topf haben, geben wir ihr Wasser, stellen sie an die Sonne und schützen sie vor dem kühlen Wind und Frost. An einem schönen Frühlingstag, in den blauen Himmel schauend, verbinden wir uns mit dem Himmel und lassen unsere Sorgen fallen – wir verkörpern uns in dem Objekt, mit welchem wir Kontakt herstellen."

Der Buddhismus entwickelte unter anderem die Lehre von der physischen beziehungsweise materiellen Verwandlung des Körpers. Wenn wir beispielsweise Wasser trinken, wird das Wasser ein Teil von uns selbst. Ebenso wird die Nahrung, die wir zu uns nehmen, ein Teil von uns selbst. Ähnliches gilt, wenn wir jemanden oder etwas um uns herum verändern wollen; wir müssen uns in das Gegenüber verwandeln. Nur so können wir das wahre Wesen des Gegenübers wirklich verstehen und erkennen, wie es geändert werden will.

Dieses Prinzip nennen die Buddhisten „Nirmanakaya" und wird durch die Buddha-Verkörperung mit den tausend Augen und Armen symbolisiert. Sie bedeutet die tägliche Verwandlung auf unzählige Arten und Weisen.

Auf Bonsai als Zen-Weg übertragen, bedeutet das, wir müssen mit dem Baum eins werden, um seinen Wunsch nach Verwandlung wirklich erfassen und realisieren zu können.

Bonsai – ein Zen-Kunstwerk

Kaum ein Betrachter kann sich der suggestiven Kraft entziehen, die von einem großen Bonsai-Meisterwerk ausgeht. Läßt man sich auf das Kunstwerk Bonsai ein, spürt man ganz unmittelbar wie uns der Künstler an der Schöpfung des Kunstwerkes teilhaben läßt. Woher kommt nun diese ungeheure Anziehungskraft, die von einem wirklich guten Bonsai ausgeht? Sicher nicht, weil uns der Bonsai zu einer Analyse seiner selbst einlädt. Im Gegenteil, ein Bonsai spricht unsere intuitive Seite an und wird damit zu einer reinen Ausdrucksform des Zen.

Um sich die Philosophie des Zen zu erschließen, muß man zunächst begreifen, daß unser Geist aus zwei gegensätzlichen Polen besteht, die auf den beiden Gehirnhälften festgelegt sind. So dient unsere linke Gehirnhälfte mehr dem rationalen, analysierenden Denken, während die rechte Gehirnhälfte mehr dem instinktiven, intuitiven Erleben entspricht. Beide Bereiche finden sich in den verschiedenen Ausdrucksformen der Kunst wieder. So führt uns das Betrachten westlicher Kunstwerke immer zu der Frage: „Was will uns der Künstler damit sagen?" Bei der Betrachtung eines Zen-Kunstwerkes wäre diese Frage bei der Erfassung des Kunstwerkes hinderlich. Sobald sich bei der Betrachtung eines Zen-Kunstwerkes der analysierende Geist in den Vordergrund drängt, ist eine Durchdringung des Kunstwerkes unmöglich.

Das auffälligste Merkmal der Zen-Kunst ist wohl die Asymmetrie, wodurch der Betrachter häufig den Impuls verspürt, in das Kunstwerk einzutreten und es „zurechtzurücken". Während die symmetrische Kunst eine geschlossene zurückweisende Form hat, die in selbstgenügsamer Vollkommenheit erstarrt, lädt die asymmetrische Kunst den Betrachter ein, aktiv zu werden. Der Betrachter wird geradezu gezwungen, unter die Oberfläche zu dringen, um die Individualität des Kunstwerkes zu erleben. Ein Zen-Kunstwerk ist gleichsam in einem ständigen Schaffensprozeß, und sei es nur im Kopf des Betrachters.

Bei näherer Betrachtung hat die Zen-Kultur drei aufeinander bezogene Aspekte. In der Kunst finden wir zunächst die Schöpfung von Schönheit, die uns als Medium dient, Erkenntnisse zu gewinnen, die wir auf andere Weise nicht erfahren können. So ist die Zen-Keramik eine Mischung aus tradierten, jahrhundertealten Techniken des Töpferhandwerks und formvollendeter Kunstfertigkeit. Im Ikebana finden wir die Liebe zur Natur in all ihrer Schönheit mit der Erhabenheit der Vergänglichkeit verwoben. Bei Bonsai wiederum zeigt sich die Naturverbundenheit mit der Würde des Alters kombiniert.

Der zweite Aspekt der Zen-Kultur zeigt sich ganz deutlich in der Fähigkeit der Japaner, in einem überfüllten U-Bahnwagen heitere Gelassenheit zu bewahren und Ruhe in sich selbst zu finden. Somit dienen die verschiedenen Kunstformen im Zen ganz bewußt dazu, dem Streß des modernen Lebens entgegenzuwirken. So kann man sich selbst in der überfüllten U-Bahn meditativ unter seine Bonsai auf der heimatlichen Terrasse begeben und Ruhe finden. Die stille Meditation ist der traditionelle Grundzug aller östlichen Philosophen oder Religionen. Hier findet man den Gleichmut, der durch spirituelle Übungen erschlossen werden kann. Eine der spirituellen Übungen kann dabei die Gestaltung eines Bonsai sein. Hierbei wird nicht mehr zwischen der religiösen – der Meditation – und der profanen – der Gestaltung eines Bonsai – Handlung getrennt. Man spinnt sich gleichsam in einen Kokon der Stille ein und ist damit geistig aus den Alltagsdingen herausgehoben.

Der dritte Aspekt des Zen ist der tiefe Sinn für die Schönheit und ihre Gesetzmäßigkeiten. Doch während die westliche Kunst danach strebt, die Form zu vollenden, vermeidet der Zen-Künstler sorgsam die Perfektion. Der Zen-Künstler idealisiert nicht eine Welt, deren Existenz ihm

In der japanischen Mythologie spielt der „Oni", ein Waldgeist, eine wichtige Rolle. Er ist, als Vertreter der Natur, für Glück und Unglück der Menschen verantwortlich.
(Figur von Wilfried Maria Blum, Ruppichteroth; handgetöpferte Schale und Mädchenkiefer von Peter Krebs, Herborn)

fragwürdig erscheint. Ein Zen-Kunstwerk ist niemals überladen und bis ins letzte ausgefeilt, kurz gesagt wird jede Übertreibung vermieden. Besonders deutlich zeigt sich diese Haltung in einem japanischen Garten. Der Garten ist immer so angelegt, daß er dem Betrachter immer wieder neue Aspekte seiner Schönheit eröffnet, so oft er ihn auch anschaut. Selbst in der Leere eines Steingartens zeigt sich bald eine verborgene Fülle. Die architektonischen europäischen Gärten hingegen bieten ihre ganze Pracht und Schönheit gleich offen dar, schnell läßt sich nichts Unverhofftes mehr entdecken. Um die ideale Wirkung eines Zen-Kunstwerkes zu entwickeln, muß der Zen-

Künstler seine Techniken so vollkommen beherrschen, daß sie intuitiv angewendet werden können und dabei der Realisierung der Gestaltung nicht im Wege stehen.

Für Bonsai bedeutet das, daß man beispielsweise die Techniken des Schneidens und des Drahtens der Triebe so perfekt beherrschen lernen muß, daß man über das richtige Schneiden der Triebe oder Anlegen des Drahtes nicht mehr nachdenken muß. Das zukünftige Bild des Bonsai muß vor Beginn der Gestaltung in fast allen Einzelheiten vor dem geistigen Auge erscheinen, der Gestaltungsvorgang wird damit nur zur dinglichen Realisation des Kunstwerkes.

Die asymmetrisch gestaltete Kiefer in einem japanischen Garten vermittelt Ruhe und Beschaulichkeit.

Verschieden lange Wege führen zu einem Bonsai

Der Start für einen Baum zum Bonsai kann zu ganz unterschiedlichen Entwicklungsstadien beginnen. Da ist einmal der Kauf eines bereits vollständig oder teilweise gestalteten Bonsai zu nennen. Bei solch einer Pflanze sind die wesentlichen Vorgaben für das spätere Aussehen des Bonsai bereits durch andere Menschen festgelegt worden.

Bei der Gestaltung eines Bonsai aus einer Baumschulpflanze sind ebenfalls vielfach auch die wesentlichen Gestaltungsmöglichkeiten vorgegeben. Sei es nun die Stammführung oder die Stellung der Hauptäste, die Hauptgestaltungsele-

Viele Jahre hat es gedauert, bis der Igelwacholder (*Juniperus rigida*) seine heutige Form erreicht hat.
(Gestalter: Hideo Kato, Japan)

mente sind vorhanden und müssen vor der Formung analysiert und bei der Gestaltung berücksichtigt werden. Natürlich kommt man mit Geschick recht schnell zu dem gewünschten Gestaltungsergebnis, da die Pflanze bereits wesentliche Entwicklungsschritte hinter sich hat.

Meist wird man aber nicht umhin kommen, Kompromisse bei der Gestaltung einzugehen, hat doch der Gärtner die Pflanze mit einer ganz anderen Zielsetzung herangezogen.

Will man alle Entwicklungsschritte der Pflanze von Anfang an bestimmen, muß man sie selbst heranziehen. Im Gegensatz zur Umgestaltung einer Baumschulpflanze oder einer in der Natur gesammelten Pflanze kommt man bei der Gestaltung eines selbstgezogenen Baumes zum Bonsai meist ohne starke Schnittstellen aus.

Der Nachteil hingegen liegt auf der Hand, es ist der Zeitfaktor. Bis zur Gestaltungsreife vergehen immer mehr oder weniger viele Jahre. Das Ergebnis jahrelanger Bemühungen kann sich dann aber sehen lassen. Auf jeden Fall sind bei der Gestaltung von Miniatur-Bonsai (Mame-Bonsai) selbstgezogene Sämlinge oder ebensolche Stecklinge zu empfehlen (siehe dazu auch Seiten 132 ff.).

Aus Samen – der lohnende Weg für Geduldige

Genausowenig wie man einen Bonsai züchten kann, gibt es spezielle Bonsai-Samen. Grundsätzlich werden für das Heranziehen von Bonsai aus Samen ganz normale Baumsamen verwendet. Entsprechend sind die vielfach angebotenen „Bonsai-Samen" ganz normale Baumsamen, die in Verpackungen abgefüllt wurden, auf denen ein Bonsai abgebildet ist. Mit der Bezeichnung „Bonsai-Samen" wird lediglich ausgedrückt, daß sich diese Baumart zur Bonsai-Gestaltung eignet.

Beim Kauf von Baumsamen sind einige wichtige Punkte zu berücksichtigen. Grundsätzlich sollte man beim Kauf darauf achten, daß sich die Samen in Keimschutzverpackungen befinden. Aber auch hier gibt es keine Garantie, daß die Samen auch tatsächlich aufgehen. Zum einen hat man keine Gewähr, daß das Saatgut zum richtigen Zeitpunkt geerntet, transportiert und schließlich verpackt wurde, andererseits ist zu berücksichtigen, daß Samen der verschiedenen Baumarten selbst bei optimaler Vorbehandlung eine stark unterschiedliche Lebensfähigkeit besitzen. Die Keimfähigkeit reicht von einigen Wochen bis zu mehreren Jahrzehnten nach der Ernte.

In manchen Fällen ist es auch sinnvoll, selbst die Samen zu ernten. Da viele der Vererbungsmerkmale der Mutterpflanze auf ihre Nachkommenschaft übertragen werden, können schon bei der Auswahl der Mutterpflanze die typischen Merkmale eines Bonsai berücksichtigt werden. Findet man beispielsweise in einem Park oder im Wald einen Baum, der kleinere Blätter hat als die anderen Vertreter seiner Art, eignen sich seine Nachkommen hervorragend für die Bonsai-Gestaltung.

Einen Trick wende ich in diesem Zusammenhang schon seit Jahren mit Erfolg an. Ich sammle nicht die Samen, sondern die aus den Samen hervorgegangenen ganz jungen Sämlinge, und behandle sie dann zu Hause wie selbst ausgesäte Jungpflanzen. Diese Methode empfiehlt sich vor allem bei Baumarten, deren Samen aufgrund ihrer natürlichen Verbreitungsmethode mit großer Wahrscheinlichkeit in der Nähe des Mutterbaumes keimen. Bei allen Samen, die durch den Wind verbreitet werden, kann man vom Keimort nicht auf den Mutterbaum schließen.

Behandlung der Baumsamen zur besseren Keimung

Viele Samen der bei uns heimischen Arten sind gegen eine frühzeitige Keimung mit einer Keimhemmung geschützt. Würden beispielsweise die im Herbst reifenden Samen im Herbst noch auskeimen, hätten die Jungpflanzen bis zur anschließenden Winterzeit keine Chance ausreichend auszuhärten, um den Winter zu überstehen. Dieser Schutz ist auf unterschiedliche Weise gegeben:
– die Samenschale ist hart und wasserundurchlässig,
– der Keimling ist noch nicht vollständig ausgebildet,
– der Keimling braucht zur weiteren Entwicklung eine Kälteperiode,
– Stoffe, die die Keimung hemmen, müssen erst abgebaut werden.

Die meisten Samen enthalten nur einen sehr geringen Wassergehalt. Zur Keimung muß der Samen Wasser aufnehmen und dadurch aufquellen. Gleichzeitig werden Enzyme freigesetzt, die die im Samen gelagerten Nährstoffe für das Wachstum des Keimlings mobilisieren.

Ist die Samenschale hart und wasserundurchlässig, müssen in der freien Natur Mikroorganismen die Samenschale zunächst porös machen, damit die notwendige Wasseraufnahme erfolgen kann. Wir können diesen Vorgang beschleunigen, indem wir die Samenschale anritzen. Bei dickeren Samen benutzen wir dafür eine kleine Metallfeile. Kleinere hartschalige Samen werden zwischen zwei Blatt Sandpapier gerieben.

Sind die Keimlinge noch nicht vollständig ausgebildet, werden die Samen einer Kalt-Naß-Vorbehandlung, der Stratifikation,

Vor elf Jahren hat Dan Barton (GB) diesen Lärchen-Doppelstamm (*Larix decidua*) aus Samen gezogen. Der Hauptbaum ist nun 84 cm hoch.

unterzogen. Da wir für die Heranzucht von Jungpflanzen für die Bonsai-Gestaltung meist nur kleinere Mengen benötigen, empfehle ich die folgende Methode. Die Samen werden ganz normal in entsprechenden Blumentöpfen ausgesät und dann der Stratifikation unterzogen. Dazu wird das Substrat immer feucht gehalten und je nach Pflanzenart für einige Wochen bei Temperaturen zwischen 2° und 8 °C aufgestellt. Das kann in einem Kühlschrank, im Freiland oder auf dem Balkon geschehen.

Alternativ lassen sich die zu stratifizierenden Samen auch mit Estrichsand in der Körnung 00 bis 02 vermischen und, ständig feucht gehalten, entsprechend kühl aufstellen. Spätestens wenn sich die ersten Keimwurzeln zeigen, müssen die Samen ausgesät werden.

Sind die Samen von einer Frucht umgeben, enthält das Fruchtfleisch keimhemmende Stoffe. In der freien Natur fallen die Früchte entweder zu Boden und das Fruchtfleisch wird anschließend durch Mikroorganismen abgebaut, oder die Früchte werden von Tieren gefressen und die Samen anschließend ausgeschieden. Unzerbissene Samen passieren schadlos die Darmpassage, sind aber von den keimhemmenden Stoffen befreit. Ernten wir selbst die Früchte, müssen wir entsprechend das die Samen umgebende Fruchtfleisch durch Gärung in einer mit Wasser gefüllten Schale entfernen.

Aussaat und spezielle Behandlung der ganz jungen Pflanzen

Selbst wenn wir die Samen richtig behandelt haben, der Keimling keimwillig ist und die äußeren Bedingungen für eine Keimung optimal sind, ist der Keimerfolg dennoch fast nie zu 100 % gewährleistet. So keimen beispielsweise Ahorne nur zu 30 bis 70 %, Kiefern zwischen 70 und 100 % und Fichten sogar nur zu 0 bis 30 %.

Zur Aussaat eignen sich bei den geringen Mengen, die wir benötigen, normale Blumentöpfe besonders gut. Wichtig ist, daß die Wasserabzuglöcher immer frei bleiben. In die Blumentöpfe füllen wir zunächst eine Drainageschicht aus gröberem Material ein. Darauf kommt dann eine Schicht der eigentlichen Anzuchterde. Als Anzuchterden eignen sich entsprechende Spezialerden aus dem Gartenfachhandel.

Man kann sich die Erde aber auch selbst mischen, wobei sie vor der Verwendung einer keimtötenden Hitzebehandlung unterzogen werden muß, da sonst die Keimlinge von Krankheitskeimen befallen werden können. Das geschieht, indem man die Erde, in Aluminium eingeschlagen, für etwa eine halbe Stunde im Backofen bei 100 °C erhitzt. Als Mischung bietet sich Torf und scharfer Sand im Verhältnis 1:1 an.

Mit einem Brettchen wird die Erde im Topf angedrückt und mit der Aussaat kann begonnen werden. Gröbere Samen werden einzeln auf den Boden gelegt, feinere Samen locker ausgestreut. Anschließend wird eine Erdschicht aufgesiebt, die etwa der dreifachen Saatkorndicke entspricht. Abschließend nochmals mit einem Brettchen andrücken und gut wässern.

Zum Schutz der jungen Keimlinge gegen Austrocknung legen wir eine Glasscheibe über den Topf oder spannen eine durchsichtige Kunststoffolie darüber. Sobald sich die Keimlinge zeigen, wird die Abdeckung nach und nach immer ein wenig mehr gelüftet.

Wenn die Keimlinge ihre Keimblätter vollständig entfaltet haben, beginnt die spezielle Behandlung für das Ziel der Bonsai-Gestaltung.

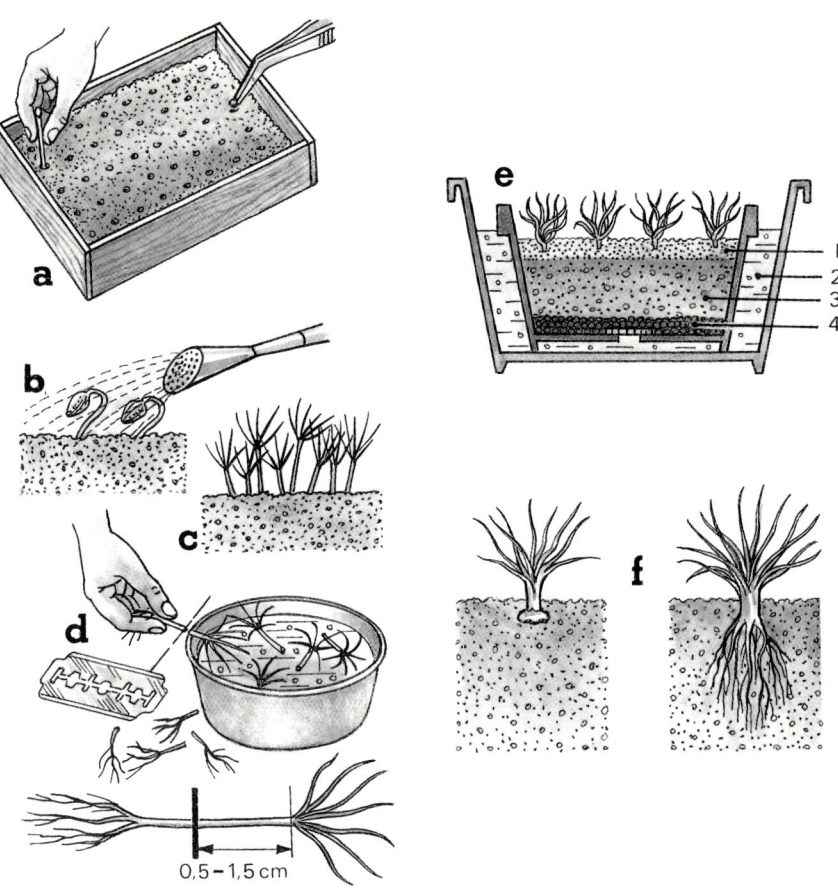

Aussaat

a. Mit einer Pinzette werden die Samen gleichmäßig in einer Aussaatkiste verteilt und anschließend mit einer dünnen Erdschicht bedeckt.

b. Wenn die Erde gleichmäßig feucht gehalten wird, gehen die Samen schon nach wenigen Tagen auf.

c. Sobald die Sämlinge ihre Keimblätter vollständig entwickelt haben, beginnt bereits die Erziehung zum Bonsai.

d. Ohne Behandlung bildet der Sämling eine lange Pfahlwurzel aus, die erst tiefer im Erdreich verzweigt. Zur Ausbildung eines guten Wurzelhalses schneiden wir mit einer Rasierklinge die Keimwurzel 0,5 bis 1,5 Zentimeter unterhalb der Keimblätter ab. Anschließend werden die beschnittenen Keimlinge zum Schutz gegen Austrocknung in einem Wasserbecken zwischengelagert.

e. In feiner Bonsai-Erde werden die behandelten Keimlinge bis zu den Keimblättern gesteckt. Anschließend wird durch Eintauchen in ein Wasserbecken die Erde gut durchfeuchtet.
1 = Deckerde, 2 = Wasser, 3 = Pflanzerde, 4 = Drainage.

f. Bereits nach wenigen Tagen setzt die Wundverheilung ein, und es bildet sich ein gleichmäßiger Wurzelballen.

Die einzelnen Bäume des Dreispitzahorn-Wal-
des (*Acer buergerianum*) sind aus Sämlingen
gezogen worden. Der Hauptbaum ist etwa 30
Jahre alt.
(Besitz: Gruga-Park, Essen)

Ein guter Bonsai braucht einen schönen
Wurzelhals, mit dessen Ausformung wir
bereits zu diesem frühen Zeitpunkt
beginnen. Ließen wir die Keimlinge unbehandelt weiterwachsen, bilden die meisten jungen Bäume zunächst eine lange
Keimwurzel aus, die sich erst weiter unten

zu verzweigen beginnt. Später müßten wir dann sehr mühselig diese Pfahlwurzel einkürzen und den Wurzelhals aufbauen. Wir nehmen entsprechend die ganz jungen Pflanzen vorsichtig aus der Saatschale und schneiden mit einer Rasierklinge die Keimwurzel etwa 0,5 bis 1,5 Zentimeter unterhalb der ersten Blätter ab. Damit die jungen Pflanzen nach dem Abtrennen der Keimwurzeln nicht austrocknen, lagern wir sie in einer Schale mit Wasser zwischen.

Inzwischen haben wir eine Schale wie zur Stecklingsvermehrung vorbereitet (siehe Seite 19). Mit einem angespitzten Hölzchen oder einem Pikierstab stechen wir Löcher mit ausreichendem Abstand in den Erdboden. Die ihrer Keimwurzel beraubten jungen Pflanzen werden bis knapp unterhalb der ersten Blätter in die vorbereiteten Löcher gesteckt. Sind alle Pflänzchen gesteckt, wird durch die Wasserabzuglöcher von unten gewässert. Dazu stellt man die Schale bis zum Rand in ein Wasserbecken, so daß sich die Erde mit Wasser sättigen kann. Anschließend läßt man überschüssiges Wasser gut ablaufen.

Die nachfolgende Behandlung erfolgt wie bei der Stecklingsvermehrung (siehe Seiten 23 ff.). Schon nach wenigen Tagen ist die Schnittstelle verheilt, und es bilden sich viele kleine Wurzeln – die Voraussetzung für einen guten Wurzelhals und einen kompakten Wurzelballen. Die weitere Entwicklung der so behandelten Sämlinge vollzieht sich fast gleichschnell wie bei unbehandelten Sämlingen.

Aus Stecklingen – der etwas schnellere Weg

Bei jedem Formschnitt an unserem Bonsai fallen viele Triebe an, die sich für die Stecklingsvermehrung eignen. Diese Art der Vermehrung hat einige Vorteile gegenüber der Anzucht durch Sämlinge. Da es sich hierbei um eine sogenannte vegetative Vermehrung handelt, haben die bewurzelten Triebe dieselben Merkmale wie die Mutterpflanze. Die Bonsai-Eignung ist also bereits mit der Wahl der Mutterpflanze vorprogrammiert. Blattgröße, Blattform, Blütenform und Blütenfärbung sind nur einige Merkmale, die wir bereits bei der Mutterpflanze beurteilen können. Natürlich können die zu bewurzelnden Triebe nicht nur von einem Bonsai genommen werden. Jeder andere Baum, der die von uns gewünschten Merkmale aufweist, ist als Lieferant der Triebe für die Vermehrung durch Stecklinge geeignet.

Zusätzlich sparen wir bei der Vermehrung durch Stecklinge einige Wachstumsjahre im Vergleich zur Sämlingsvermehrung ein. Selbst ein einjähriger Trieb, der von einer gut entwickelten Mutterpflanze gewonnen wurde, hat gegenüber einem Sämling einen Entwicklungsvorsprung von mindestens zwei Jahren, da der Zuwachs eines Sämlings im ersten Entwicklungjahr nur recht gering ist. Besonders deutlich wird diese Tatsache natürlich bei der Stammentwicklung, hat der geschnittene Trieb doch schon meist ein wenn auch dünnes Stämmchen.

Das Geheimnis der Stecklingsvermehrung liegt in der Fähigkeit der Pflanzen, an Wundstellen Zellen bilden zu können, die sich noch im Embryonalzustand befinden.

An den Wundrändern der unteren Schnittstelle des Stecklings beginnen Zellen zu wachsen, die zunächst einen wundverschließenden Zellhaufen, den Kallus, bilden. Diese Zellen sind noch nicht auf eine Aufgabe spezialisiert. Erst nach der Bildung des Kallus beginnen sich die Zellen zu differenzieren und bilden Wurzelzellen, die dann zu den neuen Wurzeln heranwachsen.

Ein Wald aus der Fächerahorn-Zuchtform „Frost in der Erde" (*Acer palmatum* 'Crispum'; jap.: Shishigashira), deren Blätter an den Rändern eingerollt sind. Die Bäume sind aus Stecklingen gezogen. (Besitz: Bonsai-Zentrum Schinznach, Schweiz)

Schnitt von Stecklingen

Der richtige Zeitpunkt zum Stecklings-
schnitt hängt vom Entwicklungsstand der
Triebe ab. So entwickeln sich die Triebe in
einem Jahr mit zeitig einsetzendem Frühjahr viel schneller als in einem Jahr mit
langanhaltendem Winter. Die weiter hinten im Buch angegebenen Zeiten sind
damit nur als Richtwerte zu verstehen, die
sich auf einen Normalverlauf der Jahreszeiten beziehen (siehe dazu auch die Seiten 32–37).

Bei den meisten sommergrünen Bäumen
ist der richtige Zeitraum erreicht, wenn
die Triebe gerade mit der Rindenfärbung
beginnen, das ist in normalen Jahren in
den Monaten Juni und Juli der Fall. Zum
Herbst hin sind die Stecklinge gut bewurzelt und brauchen nur die gleichen Über-
winterungsbedingungen wie schon ent-
wickeltere Pflanzen derselben Art.

Die Stecklinge von immergrünen Bäumen
werden hingegen nur voll ausgereift, also
mit durchgehender Rindenfärbung, gewonnen. Da dies meist erst in den Monaten August bis Oktober der Fall ist, sind
die Stecklinge bis zum Winter noch nicht
bewurzelt. Bei frostfreier Überwinterung
und einer Bodentemperatur von etwa
10 °C setzt die Bewurzelung häufig schon
im Winter ein.

Für den gärtnerischen Bewurzelungserfolg ist es nicht wichtig, ob der Schnitt
gerade oder schräg ist und ob er mit
einem scharfen Messer oder mit einer
guten Schere durchgeführt wird. Sollen
die bewurzelten Stecklinge für die Bonsai-
Gestaltung vorbereitet werden, hat die
Schnittführung allerdings eine gewisse
Bedeutung. Schon mit dieser Maßnahme
kann man für einen schönen Wurzelhals
sorgen. Nach meinen Erfahrungen führt
ein keilförmiger Zuschnitt des unteren

Alle Bäume dieses *Serissa*-Waldes (*Serissa foetida*) wurden aus Stecklingen einer Mutterpflanze gezogen. Der Hauptbaum ist zehn Jahre
alt und 18 cm hoch. Die Steinplatte besteht aus
Muschelkalk und ist 84 Zentimeter breit.
(Besitzer und Gestaltung: Herbert Langer, Stuttgart)

Stecklingsendes in der Regel zu dem gewünschten Ergebnis.

Ein Laubbaumsteckling sollte zwischen 8 und 15 Zentimeter lang sein und sechs bis acht Blätter tragen. Besonders gut sind Triebe geeignet, die möglichst kurze Blattzwischenräume (Internodien) haben. Längere Zweige können in mehrere Stecklinge aufgeteilt werden.

Nadelbaumstecklinge werden hauptsächlich von diesjährigen Spitzentrieben gewonnen. Grundsätzlich muß für den Bewurzelungserfolg ein Stück älteren Holzes am unteren Ende des Stecklings vorhanden sein. Hierzu schneidet man mit einem scharfen Messer oder mit einer guten Schere den Steckling etwas unterhalb des Astrings von der Mutterpflanze ab.

Richtiges Stecken

Traditionell verwendet man zum Stecken von Stecklingen eine Mischung aus Torf und Sand im Verhältnis 1:1. Gute Erfolge zeigen sich auch mit Jiffy-Torfquelltöpfen.

Ich verwende seit Jahren mit besonders gutem Erfolg die feinste Fraktion von gesiebter Akadama-Erde (importierte japanische Bonsai-Erde). Nach erheblich kürzerer Zeit als bei den anderen Substraten sind die Stecklinge mit einem dichten Wurzelballen versehen.

Zur Vermehrung von nur wenigen Stecklingen reichen Plastikblumentöpfe völlig aus. Will man eine größere Anzahl von Stecklingen bewurzeln, findet man im Gartenfachhandel eine große Anzahl der verschiedensten Vermehrungseinrichtungen.

Nach dem Einfüllen einer Drainageschicht aus gröberem Material, wird das eigentliche Stecklingssubstrat eingefüllt. Von den Stecklingen entfernt man die unteren Blätter oder Nadeln, da sie, mit in die Erde gesteckt, zu faulen beginnen

würden. In den meisten Fällen müssen die anderen Blätter nicht eingekürzt werden. Lediglich in dem etwas später beschriebenen Fall bei Ahornen werden die anderen Blätter ebenfalls entfernt.

Mit einem angespitzten Hölzchen werden in die Erde Löcher für Stecklinge gestochen und die Stecklinge eingesetzt. Die Entfernung von Steckling zu Steckling sollte so bemessen sein, daß sich die Blätter gerade noch berühren. Obwohl viele Stecklinge auch zwischen den Blattansätzen bewurzeln, ist es besser, wenn sich mindestens ein Blattansatz unterhalb der Erdoberfläche befindet. Es kann auch hilfreich sein, die untere Schnittfläche dünn mit einem „Bewurzelungshormon" zu bepudern (im Gartenfachhandel). Hierbei ist die Anleitung des Herstellers zu beachten.

Nachdem die Erde von unten gut bewässert wurde, muß ein Verdunstungsschutz über das Vermehrungsgefäß gespannt werden. Dazu kann man im einfachsten Fall aus Draht einen Korb (Zelt) biegen, über den anschließend eine durchsichtige Plastikfolie gespannt wird. Die Stecklinge sollten dabei zum Schutz gegen Faulen an keiner Stelle den Verdunstungsschutz berühren. Dieser Verdunstungsschutz ist notwendig, weil die Stecklingstriebe weiterhin ebensoviel Wasser verdunsten, als wären sie noch mit der Mutterpflanze verbunden. Wegen der nicht vorhandenen Wurzeln würden die Triebe natürlich sehr schnell austrocknen.

Solange sich auf den Blättern der Stecklinge ein feiner Feuchtigkeitsfilm befindet, muß nicht gewässert werden. Zeigen die Stecklinge neues oberirdisches Wachstum, haben sich die ersten Wurzeln gebildet und der Verdunstungsschutz kann nach und nach gelüftet werden bis zum letztendlichen Entfernen. Während der ganzen Zeit darf die Vermehrungseinrichtung nicht in der prallen Sonne stehen, da sich der Innenraum ansonsten sehr stark

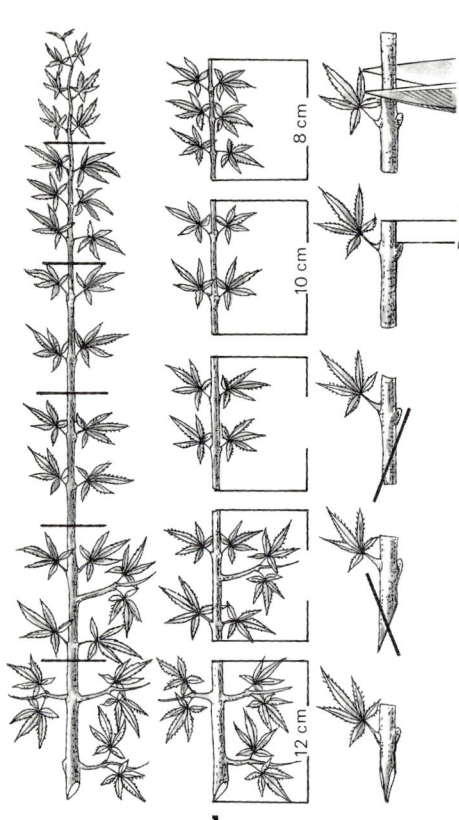

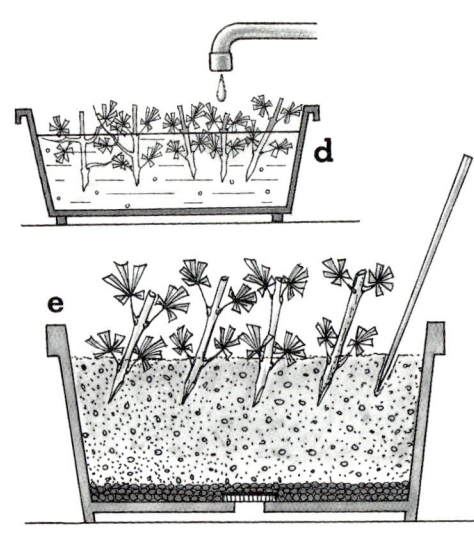

Stecklingsvermehrung

a. Aus einem langen zweijährigen Trieb können mehrere Stecklinge geschnitten werden.

b. Der noch krautige Spitzenbereich des Zweiges eignet sich nicht zur Stecklingsvermehrung. Den Rest des Zweiges schneidet man in acht bis zwölf Zentimeter lange Stücke.

c. Der Schnitt sollte jeweils fünf Millimeter oberhalb eines Knotens erfolgen. Das untere Ende des Stecklings wird zweimal schräg angeschnitten, so daß er spitz zuläuft.

d. Bis zum Stecken werden die Triebstücke in einem Wasserbad gelagert.

e. Zur Verringerung der Verdunstungsfläche führt man einen Teilblattschnitt durch. Die Stecklöcher werden mit einem Holzstab vorgestochen und die Triebstücke entweder leicht schräg oder gerade gesteckt. Mindestens ein Knoten muß sich dabei in der Erde befinden. Als Verdunstungsschutz hat sich eine Plastikhaube bewährt.

aufheizen würde und die Stecklinge Schaden nehmen.

Ein Jahr nach der Bewurzelung werden die Stecklinge einzeln in Töpfe umgepflanzt. Hierbei wird unter Umständen der erste sehr mäßige Wurzelschnitt durchgeführt. Auch wird bereits der spätere Wurzelhals aufgebaut. Hier kann ein Plastiknetz zugeschnitten und der bewurzelte Steckling mit aufgespreizten Wurzeln darauf mit Bast fixiert werden.

Ahornstecklinge erfahren jetzt eine besondere Behandlung. Da die Blattansätze bei allen Ahornen kreuzgegenständig sind, bekommt man auch eine sehr

regelmäßige Astanordnung, die wegen der Optik unerwünscht ist. Um das zu verhindern, wird bereits der einjährige Steckling gedrahtet und Stück für Stück um seine eigene Achse leicht verdreht. So erreicht man eine erheblich variablere Astverteilung an dem sich entwickelnden Bonsai.

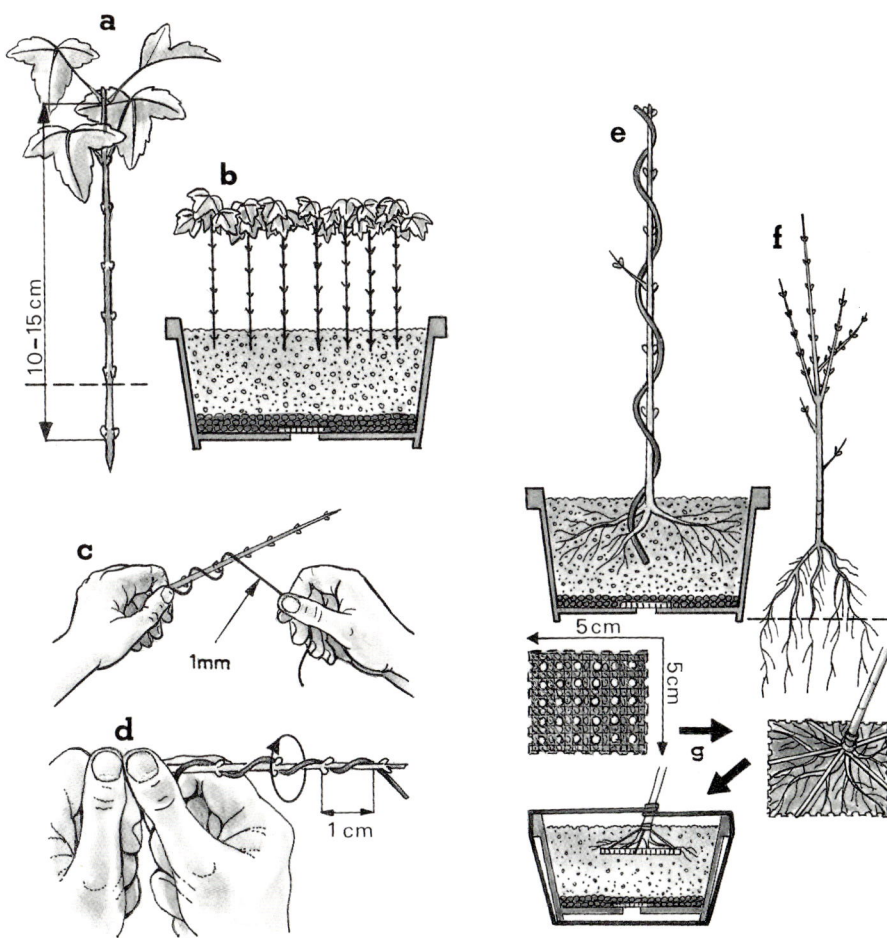

Ahornstecklinge

a. Für Ahornstecklinge verwendet man leicht verholzte diesjährige Triebe, deren noch weiche Spitze entfernt wurde. Bis auf die obersten beiden Blattpaare werden alle anderen Blätter abgeschnitten.

b. In einem geeigneten Gefäß steckt man die Triebe so tief, daß sich ein Knoten in der Erde befindet.

c. Bei Ahornen stehen die Knospen kreuzgegenständig. Um eine Verteilung der neuen Triebe in alle Richtungen um den Stamm herum zu erreichen, wird der bewurzelte Steckling mit 1 Millimeter starkem Bonsaidraht umwickelt.

d. Die einzelnen Drahtwindungen liegen etwa 1 Zentimeter voneinander entfernt. Nun wird der Steckling so in sich verdreht, daß die Knospen variabler um den Stamm verteilt sind.

e. Jeder Steckling wird für ein Jahr einzeln in ein Anzuchtgefäß gepflanzt.

f. Im folgenden Jahr erfolgt ein mäßiger Wurzelschnitt, um einen kompakten Wurzelballen aufzubauen.

g. Zur Erziehung des Wurzelhalses werden die Wurzeln sternförmig auf einem Plastiknetz (5 cm × 5 cm) verteilt.

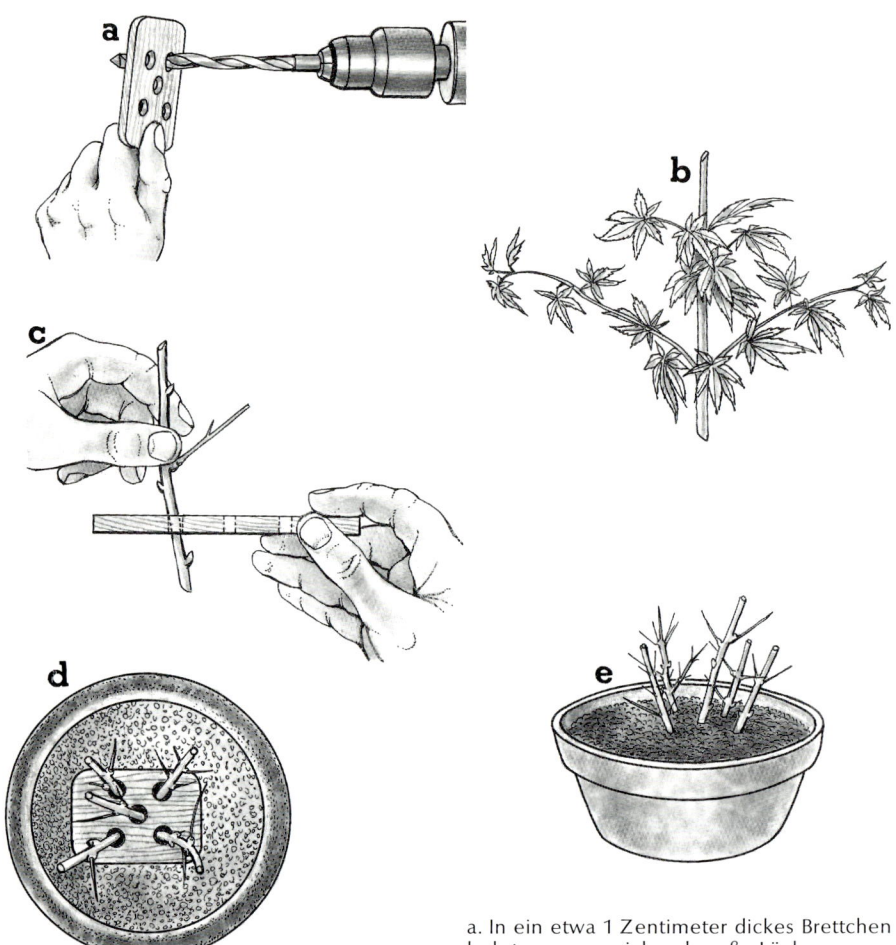

Spezielles Steckverfahren für Bonsai

Im Grunde handelt es sich bei der hier beschriebenen Methode um eine Kombination aus Stecklingsbewurzelung mit anschließendem Abmoosen. Besonders gut eignet sich die Methode für Ahornstecklinge, sie kann aber mit Erfolg auch bei den anderen Laubbäumen angewendet werden.

a. In ein etwa 1 Zentimeter dickes Brettchen bohrt man ausreichend große Löcher.
b. Von zweijährigen Trieben werden Ende Mai Stecklinge geschnitten.
c. Am Steckling wird ein Blattschnitt (die Blattstiele bleiben stehen) vorgenommen, um die Verdunstungsfläche zu verringern.
d. Die vorbereiteten Stecklinge steckt man so durch die Löcher in dem Brettchen, daß sich ein Knoten unterhalb des Brettchens im Boden befindet.
e. Das Brettchen wird gerade auf die glatte Erdoberfläche gelegt, und die Stecklinge werden so in die Löcher gesteckt, daß die Knospen der Stecklinge in unterschiedliche Richtungen zeigen. Zum Schluß wird das Brettchen mit einer etwa 3 Zentimeter dicken Erdschicht bedeckt.

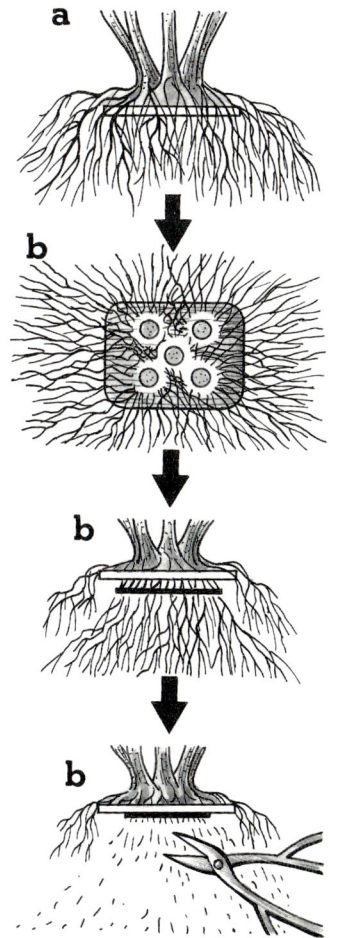

a. Die bewurzelten Stecklinge werden dicker, der abwärts gerichtete Baustoffstrom staut sich an den Lochrändern, und es kommt zu einer zweiten Bewurzelung oberhalb des Brettchens. Die Wurzelscheiben der einzelnen Stecklinge wachsen auf dem Brettchen aufeinander zu und bilden einen gemeinsamen Wurzelhals.
b. Bei ausreichend vielen Wurzeln auf der Oberseite des Brettchens werden die Wurzeln unterhalb des Brettchens abgeschnitten. Mit der Konkavzange trennt man die herausragenden Stümpfe ab.
c. Mit einem Stechbeitel werden die Stümpfe so weit bearbeitet, daß die miteinander verwachsenen Stecklinge problemlos von dem Brettchen abgehoben werden können.
d. Zur weiteren Entwicklung wird der neue Mehrfachstamm bis oberhalb des Wurzelhalses in ein Anzuchtgefäß eingepflanzt.

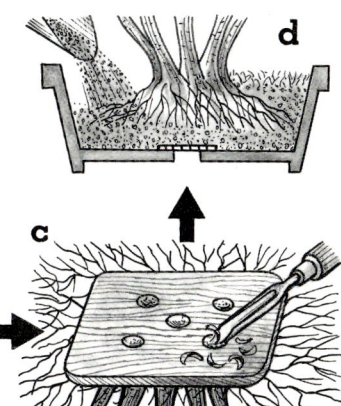

Ausgangsmaterial sind zugeschnittene Stecklinge aus ein- bis zweijährigen Trieben. Behandelt werden die Stecklinge wie vorher beschrieben, nur entfernt man jetzt alle Blätter bis auf die Blattstiele. Nun schneidet man ein kleines Holzbrettchen zu und bohrt mehrere Löcher, mit etwas größerem Durchmesser als die Stecklingsstämmchen haben.
Die Stecklinge werden durch die Löcher in die Erde gesteckt, wobei die Knospen der Stecklinge in unterschiedliche Richtungen zeigen. Die weitere Behandlung erfolgt wie bei der normalen Stecklingsbewurzelung.
Wenn sich nun unterhalb des Brettchens Wurzeln bilden, beginnen die jungen Pflanzen auch mit dem Dickenwachstum. Da der Baustoffstrom von oben kommt, staut er sich auf der Oberseite des Brett-

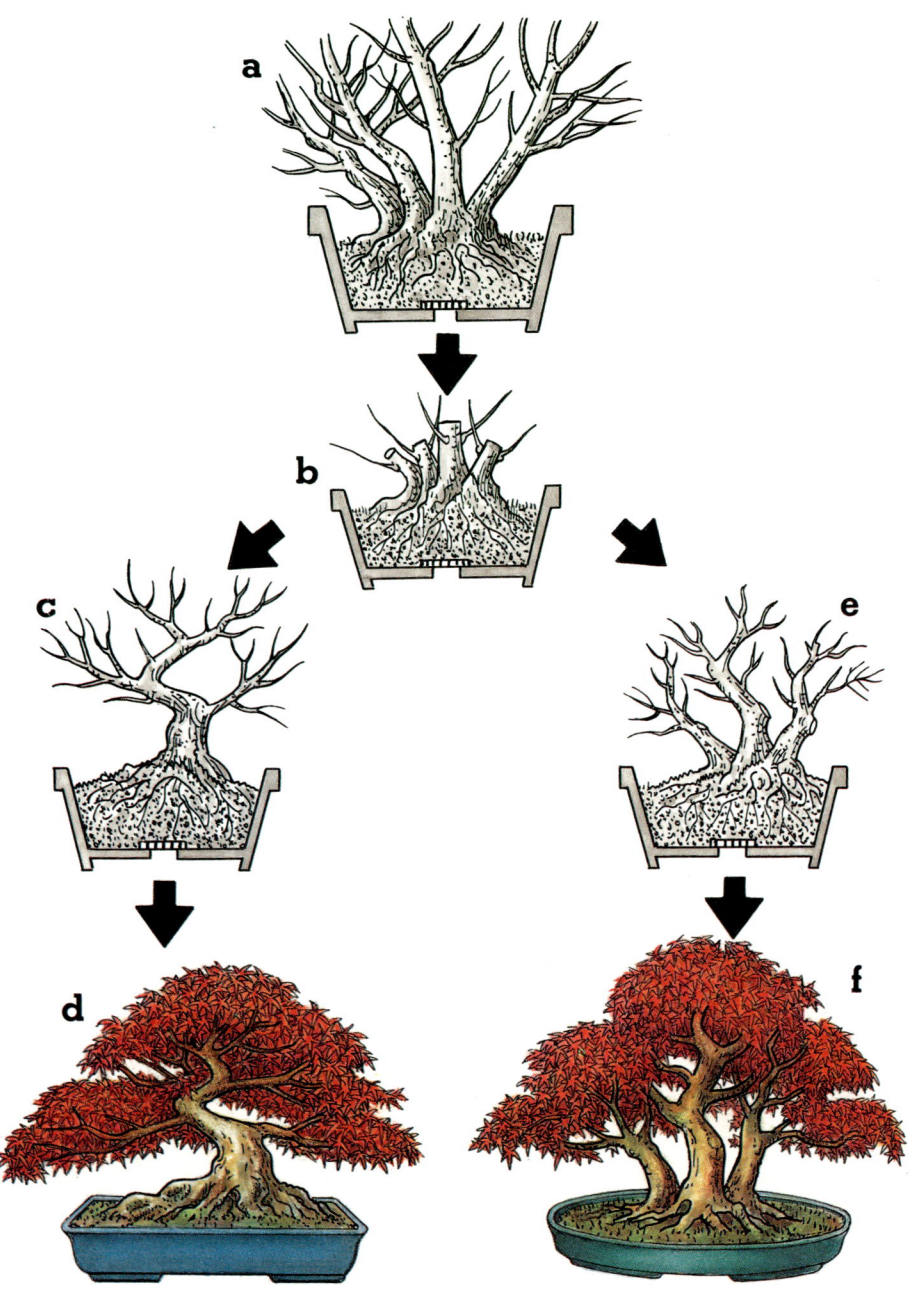

chens, sobald die jungen Pflanzen dicker sind, als der Durchmesser der Löcher. Aus dem sich bildenden Staukallus wachsen bald wie beim Abmoosen neue Wurzeln. Zusätzlich wachsen die Wurzelscheiben der verschiedenen Stecklinge aufeinander zu und verschmelzen bald miteinander. So entsteht nach etwa zwei bis drei Jahren ein Wurzelteller wie bei einem Mehrfachstamm.

Haben sich auf dem Brettchen die Wurzelteller gut miteinander vereinigt, werden die Wurzeln unterhalb des Brettchens nicht mehr benötigt. Wie beim Abmoosen wird dieser Wurzelballen dicht unter dem Brettchen abgeschnitten. Nun besteht des Problem, den Mehrfachstamm so vom Brettchen abzuheben, daß die einzelnen Stämmchen nicht wieder voneinander abgebrochen werden. In vielen Fällen wird man nicht darum herumkommen, das Brettchen so zu brechen, daß sich die Bruchstücke gut von den Stämmen lösen lassen. Auf keinen Fall werden die Stämmchen von unten aus den Löchern herausgestoßen.

Zur weiteren Entwicklung wird der Mehrfachstamm in frische Erde eingepflanzt, und man läßt ihn mehrere Jahre kräftig

a. Zur Entwicklung dicker Stämme läßt man den Mehrfachstamm ein bis zwei Jahre durchtreiben.
b. Mit dem starken Rückschnitt der Stämme beginnt die eigentliche Gestaltungsarbeit.
c. Werden bis auf einen Stamm alle anderen Stämme entfernt, erhält man eine Ausgangspflanze mit stark ausgeprägtem Wurzelhals.
d. Nach mehreren Jahren geduldiger Gestaltungsarbeit erhält man einen Bonsai in frei aufrechter Form mit einem hervorragenden Wurzelteller.
e. Für die Gestaltung eines Mehrfachstammes läßt man eine ungerade Anzahl von Stämmen stehen.
f. Nach einigen Jahren der Gestaltung ist das Ergebnis ein Bonsai mit Mehrfachstamm, der überzeugen kann.

durchwachsen. Sobald sich ein ausreichend ausladender Wurzelteller gebildet hat, schneidet man die Stämme stark zurück und beginnt mit der eigentlichen Bonsai-Gestaltung.

Für die weitere Bonsai-Gestaltung steht nun eine hervorragend vorbereitete Ausgangspflanze zur Verfügung. Man kann entweder einen Mehrfachstamm oder einen Einzelstamm herausarbeiten. In jedem Fall hat man später einen Bonsai, der einen ausgesprochen stark ausgeprägten Wurzelteller aufweist.

Durch Abmoosen – der Weg zu neuen Wurzeln

Das wichtigste Gestaltungsdetail eines guten Bonsai ist sein Stamm. Der Stamm eines Bonsai sollte eine der Gestaltungsaussage entsprechende Dicke und Linienführung aufweisen. Für dieses Gestaltungsdetail benötigt der Baum naturgemäß die längste Entwicklungszeit. So braucht ein Sämling oder ein Steckling mehrere Jahre bis Jahrzehnte an Wachstum für die Entwicklung des Stammes. Alle anderen Gestaltungselemente, wie Äste und Verzweigung, ja selbst Wurzelhals und Wurzelballen, lassen sich mehr oder weniger schnell durch gärtnerische Techniken und künstlerisches Geschick aufbauen.

Manchmal hat man einen Bonsai, dessen Stamm nur im oberen Stammbereich die Forderungen an einen guten Stamm erfüllt, während der untere Stammbereich in der Linienführung uninteressant ist oder sogar deutliche Gestaltungsmängel aufweist. Im anderen Fall finden wir an einem freiwachsenden Baum oder Strauch einen Ast, der sich in idealer Weise als Stamm für einen Bonsai eignet. In beiden Fällen können wir diesen Stammteil an der beabsichtigten Stelle

Selbst von recht alten Bäumen kann man verhältnismäßig dicke Äste abmoosen, um sie
dann als Bonsai weiter zu gestalten.

bewurzeln und dadurch den Anfang für
einen guten Bonsai setzen. Die Methode,
das Abmoosen oder Luftbewurzeln, ist
eine bewährte gärtnerische Technik zur
Gewinnung neuer Pflanzen.

Die Technik

Im Grunde handelt es sich beim Abmoosen um eine Form der Stecklingsvermehrung, nur daß hierbei der zu bewurzelnde
Trieb bis zur ausreichenden Wurzelbil-
dung mit der Mutterpflanze verbunden
bleibt. Da die Wasser- und Nährsalzver-
sorgung von den Wurzeln nach oben über
den Holzteil geschieht, können wir Rinde
und Kambium durchtrennen, ohne dabei

die Wasserversorgung der darüberliegenden Baumteile zu gefährden.
Durch die inneren Rindenteile erfolgt
gleichzeitig der Assimilatstrom (Nährstoffe und Baustoffe) von den Blättern
nach unten. Im Bereich des Einschnitts
sind jetzt die Leitungen nach unten unter-
brochen und es kommt zu einem Assimi-
latstau, der zunächst zur Bildung von
Wundgewebe und schließlich zu einer
Neubewurzelung führt.
Bei den meisten Bäumen und Sträuchern
ist das Frühjahr, direkt nach dem Austrieb,
die günstigste Zeit, um mit dem Abmoosen zu beginnen. Grundsätzlich werden
zunächst alle Blätter im Bereich der
Abmoosungszone entfernt, da sie im
Bewurzelungssubstrat absterben und faulen, was den Erfolg gefährden würde.
Der nächste Schritt ist die Schnittführung
um den Stamm herum. Im einfachsten Fall
schneidet man mit einem scharfen Messer jeweils auf der Vorder- und der Rückseite zungenförmig bis ins Holz in den
Stamm ein. Durch Unterklemmen von
Steinchen oder Stöckchen wird verhindert, daß die Schnittzungen wieder an
den Stamm angedrückt werden und fest-
heilen. Eine Bewurzelung würde in diesem Fall nicht stattfinden.
Bei allen Stämmen, die mehr als bleistift-
dick sind, eignet sich zur Initialisierung
eines guten Wurzelhalses die folgende
Methode. Zunächst schneidet man mit
einem scharfen Messer in der gewünschten Höhe um den ganzen Stamm herum
bis ins Holz hinein. Der zweite Schnitt
erfolgt etwa 1 bis 2 Zentimeter tiefer, auch
wieder um den ganzen Stamm herum.
Zwischen den beiden Schnitten werden
nun Rinde, Kambium und eventuell die
äußeren Holzjahresringe vollständig entfernt.

Sicheltanne (*Cryptomeria japonica*), 60 cm hoch.
(British Bonsai Convention)

Diese Arbeit muß sehr sorgfältig ausgeführt werden. Wird beispielsweise das Kambium nicht vollständig entfernt, heilt die Wunde einfach nur zu und es findet keine Bewurzelung statt. Schneidet man zu tief ins Holz ein, werden alle saftführenden Leitungsbahnen durchtrennt, und der obere Baumteil vertrocknet, noch bevor er neue Wurzeln bilden konnte. Allgemein kann man sagen, daß bei Laubbäumen nur ein bis zwei Holzjahresringe entfernt werden dürfen, während bei Nadelbäumen vier bis fünf Holzjahresringe abgeschabt werden können.

Anschließend legt man direkt unter dem oberen Schnitt Bonsai-Draht von etwa zwei Millimeter Stärke um den Stamm und drückt ihn gut an. Der Draht muß rundherum engen Kontakt mit dem Holz haben. Die Neubildung der Wurzeln findet immer an der oberen Schnittwunde statt, wobei der angelegte Draht die Wurzelhalsbildung nachhaltig verbessert.

Mit welcher der beschriebenen Methoden man auch immer gearbeitet hat, anschließend wird der Wundbereich dünn mit einem Bewurzelungshormon bepudert. Zum Schutz gegen Austrocknung wird nun eine Schicht aus feuchtem Torfmoos um die Wunde gelegt. Liegt der Abmoosungsbereich weit oben am Stamm, kann man nun eine Manschette aus dunkler Plastikfolie um das Moospolster legen. Oberhalb und unterhalb des Bewurzelungsbereichs wird die Manschette zugebunden. Das Moos muß nun ständig feucht gehalten werden, und unter Umständen ist von Zeit zu Zeit Nachwässern notwendig.

Alternativ kann man auch einen Plastiktopf an der Seite aufschneiden und in den Topfboden ein Loch im Stammdurchmesser schneiden. Mit Hilfe von Drähten zwischen Topfrand und einigen Ästen wird der Topf im Baum fixiert und mit Erde aufgefüllt, die auch ständig feucht gehalten wird. Hier kann es sinnvoll sein, die Erd-

oberfläche in dem Bewurzelungstopf mit einer feuchten Moosschicht gegen schnelle Austrocknung zu schützen.

Erfolgt die Bewurzelung nur geringfügig oberhalb der bisherigen Erdoberfläche, kann man eine nach oben und unten offene Kunststoffmanschette anlegen, mit Erde auffüllen und diese gut feucht halten. Je nach Baumart dauert die Bildung eines neuen und ausreichenden Wurzelballens ein bis drei Jahre. Während dieser Zeit können bereits sämtliche Gestaltungsarbeiten an dem neu entstehenden Bonsai erfolgen. Ist der Wurzelballen ausreichend für die Versorgung des neuen Bonsai, wird der neue Baum unterhalb des neuen Wurzelballens vom Reststamm abgetrennt. Bei dickeren Stämmen empfiehlt es sich, die Abtrennfläche an dem neuen Baum mit einem Wundverschlußmittel zu behandeln.

Die weitere Erziehung des neu geschaffenen Bonsai erfolgt, je nach Reifegrad, in der Bonsai-Schale, im Blumentopf oder im Freiland.

Vermehrung von Baumarten im Überblick

Abies (Tanne)
Die trocken gelagerten Samen sät man April/Mai aus.
Stecklinge werden im September/Oktober oder März/April geschnitten.

Acer (Ahorn)
Aussaat der Samen direkt nach der Reife September/Oktober oder nach trockener Lagerung im Frühjahr. Zur Frühjahrsaussaat die Samen sechs Wochen stratifizieren.
Stecklinge werden Juni/Juli geschnitten.

Betula (Birke)
Die Samen reifen im August/November

und werden nach trockener Lagerung im Frühjahr ausgesät.
Die Stecklingsvermehrung findet im Juli/August statt.

Buxus (Buchsbaum)
Stecklingsvermehrung von August bis März.

Carpinus (Hainbuche)
Die Aussaat erfolgt entweder direkt nach der Samenreifung Oktober bis Dezember oder nach acht Wochen Stratifikation im Frühjahr. Manchmal keimen die Samen erst im zweiten Jahr aus.
Stecklinge werden in den Monaten Juni/Juli geschnitten.

Carmona retusa (Fukien-Tee)
Eine Vermehrung durch Kopf- und Triebstecklinge ist das ganze Jahr über möglich. Die Bodentemperatur sollte etwa 25 °C betragen.

Cedrus (Zeder)
Anfang Mai werden die Samen etwa 48 Stunden in zimmerwarmem Wasser eingeweicht. Die noch auf der Wasseroberfläche schwimmenden Samen werden nicht verwendet. Die anderen läßt man abtrocknen und sät sie aus.
Stecklingsvermehrung von Juli bis September durch Rißlinge von Kurztrieben, an denen sich noch ein Stück älteres Holz befindet.

Celtis (Zürgelbaum)
Aussaat sofort nach der Samenreifung im November/Dezember oder nach Stratifikation im Frühjahr. Häufig keimen die Samen erst im folgenden Jahr.

Chamaecyparis (Scheinzypresse)
Aussaat im Frühjahr unter einer Glasabdeckung.
Stecklingsvermehrung von Juli bis März durch Schnittlinge am Astring oder durch Rißlinge. Die weichen Triebspitzen sollten entfernt werden.

Chaenomeles (Scheinquitte)
Die Früchte reifen in den Monaten Oktober bis Dezember. Nach dem Auswaschen der Samen entweder sofort aussäen oder stratifizieren bis zum Frühjahr und dann Aussaat.
Stecklinge werden im Juli/August geschnitten.

Cotoneaster (Zwergmispel)
Die reifen Früchte werden von August bis Oktober reif. Das Fruchtfleisch wird ausgewaschen und die Samen entweder direkt oder nach Stratifikation im Frühjahr ausgesät.
Stecklinge können während der ganzen Wachstumszeit geschnitten werden.

Crataegus (Weißdorn, Rotdorn)
Von August bis Oktober reifen die Früchte, und das Fruchtfleisch wird ausgewaschen. Die Samen werden entweder sofort oder im Frühjahr nach Stratifikation gesät.

Cryptomeria japonica (Sicheltanne)
Die aus Japan importierten Samen sollten sofort unter Glas ausgesät werden. Die Samen sind nur frisch keimfähig.
Im September werden Stecklinge geschnitten und bewurzelt.

Eugenia (Kirschmyrte)
Im Frühjahr werden ausgereifte, leicht verholzte Kopfstecklinge bei Bodentemperaturen von etwa 25 °C bewurzelt.

Fagus (Buche)
Nach der Ernte der Bucheckern im Oktober werden die Samen in mäßig feuchtem Sand kühl gelagert. Die Aussaat erfolgt dann im April.

Ficus (Gummibaum, Feige)
Im allgemeinen verwendet man Kopfstecklinge, die in gut temperierter Erde (25 °C bis 30 °C) bewurzelt werden.

Ginkgo biloba (Ginkgo)
Die Befruchtung der Eizelle und Bildung des Samens findet beim Gingko erst nach der Reifung der aprikosenartigen Frucht statt. Entsprechend ist es möglich, daß ein ausgesäter Samen erst im zweiten Jahr auskeimt. Vor der Aussaat werden die Samen stratifiziert.
Zur Stecklingsvermehrung im Juni verwendet man ausgereifte, leicht verholzte Triebe, die am Astring abgeschnitten werden.

Ilex (Stechpalme)
Wenn man die Samen im November selbst erntet, wird das Fruchtfleisch ausgewaschen, und die Samen werden stratifiziert. Im zweiten Frühjahr sät man die Samen aus. Manchmal findet eine Keimung auch erst im dritten Frühjahr nach der Samenernte statt.
Die Stecklingsvermehrung findet von Juli bis Oktober statt.

Juniperus (Wacholder)
Im Frühjahr werden die Samen stratifiziert und ausgesät.
Zur Stecklingsvermehrung schneidet man ab Juli ein- bis zweijährige Triebe am Astring.

Larix (Lärche)
Die Samen sät man nach trockener Lagerung im April/Mai unter Glas aus.
Die Stecklinge werden in den Monaten Juli und August geschnitten.

Malus (Apfel)
Aussaat der Samen direkt nach der Fruchtreife (Fruchtfleisch zerstampfen und Samen auswaschen) oder nach Stratifikation im Frühjahr.

Metasequoia (Altwelt-Mammutbaum)
Die Aussaat erfolgt im Frühjahr unter Glas. Zur Stecklingsvermehrung Juni/Juli oder Februar/März eignen sich nur leicht verholzte, verzweigte Langtriebe. Dabei sind Gipfeltriebe besonders gut geeignet.

Myrtus communis (Gemeine Myrte)
Von Mai an können den ganzen Sommer über leicht verholzte Kopfstecklinge geschnitten werden. Die Bodentemperatur im Vermehrungsgefäß sollte bei etwa 20 °C liegen.

Picea (Fichte)
Die Samen sät man in den Monaten April und Mai aus.
Stecklinge werden von Juni bis August am Astring geschnitten. Die Bewurzelung dauert ein Jahr und länger.

Pinus (Kiefer)
Die trocken gelagerten Samen werden vier bis acht Wochen stratifiziert, bevor sie im April/Mai zur Aussaat kommen.
Die Stecklingsvermehrung von Juni bis August ist sehr langwierig und nur von geringem Erfolg.

Podocarpus (Steineibe)
In den Monaten Juni und Juli werden die Stecklinge bei Bodentemperaturen von etwa 25 °C bewurzelt.

Prunus (Pflaume, Zierkirsche, Aprikose)
Die stratifizierten Samen werden im Frühjahr ausgesät.
Stecklinge schneidet man von leicht verholzten Trieben im Juni/Juli. Die noch weiche Triebspitze sollte entfernt werden.

Mädchenkiefer (*Pinus parviflora*), 82 cm hoch in frei aufrechter Form.
(British Bonsai Convention)

Punica granatum (Granatapfel)
Aus vollreifen Früchten (die Samenschale ist dann aufgeplatzt) lassen sich leicht Samen gewinnen, die in der Regel auch zu guten Ausgangspflanzen für die Bonsai-Gestaltung führen.
Im Februar/März schneidet man unbelaubte, verholzte Zweige für die Stecklingsvermehrung.

Pyracantha (Feuerdorn)
Im Frühjahr findet die Aussaat der stratifizierten Samen statt.
Von Juli bis Oktober werden Stecklinge geschnitten.

Quercus (Eiche)
Gesammelte Eicheln müssen bis zur Aussaat im April/Mai kühl und in feuchtem Sand gelagert werden.
Die Stecklingsvermehrung im Juni/Juli erfolgt bei hoher Bodentemperatur (um 30 °C).

Rhododendron (Azalee)
Die kühl, trocken und luftig gelagerten Samen werden im Mai unter Glas ausgesät. Dabei die Samen nicht mit Erde abdecken.
Für die Stecklingsvermehrung werden Ende Juni/Anfang Juli nur dünne Seitentriebe verwendet. Bei relativ hoher Bodentemperatur (etwa 25 °C) bewurzeln die Stecklinge relativ schnell in einer Mischung aus Torf und Sand (1 : 1).

Sageretia theezans (Sageretie)
Während der Hauptwachstumszeit können Kopf- und Triebstecklinge leicht bei Bodentemperaturen von etwa 20 °C bewurzelt werden.

Salix (Weide)
Die in den Monaten Mai/Juni reifenden Samen müssen sofort ausgesät werden, da sie nur eine sehr begrenzte Lebensdauer haben.

Als Stecklinge lassen sich im Sommer auch dickere, verholzte Triebe leicht bewurzeln.

Sequoiadendron giganteum (Mammutbaum)
Die vier Wochen stratifizierten Samen werden im April/Mai unter Glas ausgesät.
In den Monaten August/September schneidet man Stecklinge. Die Bewurzelung dauert jedoch sehr lange.

Serissa foetida (Baum der tausend Sterne)
Bei Bodentemperaturen um 20 °C lassen sich das ganze Jahr über Kopf- und Teilstecklinge bewurzeln.

Stewartia (Scheinkamelie)
Im Frühjahr sät man die Samen unter Glas aus.
Im Sommer werden von ausgereiften, leicht verholzten Trieben Stecklinge geschnitten.

Taxus (Eibe)
Selbst gesammelte, rote Früchte werden ausgewaschen und dann für 12 bis 18 Monate stratifiziert. Erst im Frühjahr des zweiten Jahres nach der Ernte können die Samen ausgesät werden.
In den Monaten Juli bis September schneidet man Stecklinge von gut ausgereiften, diesjährigen Trieben. Die Bewurzelung kann bis zu einem Jahr dauern.

Thuja (Lebensbaum)
Nach vier- bis sechswöchiger Stratifikation werden die Samen im April ausgesät. Geschnittene Stecklinge bewurzeln gut von Juni bis September.

Tilia (Linde)
Sowohl die Samen der Winterlinde, als auch die Samen der Sommerlinde reifen im September/Oktober. Nach der Ernte werden die Samen aufgerauht und bis zur Aussaat im Frühjahr stratifiziert. Manch-

Wald aus arktischen Birken (*Betula arctica*) auf einer Steinplatte.

mal keimen die Samen erst im zweiten Jahr nach der Ernte.
Stecklinge werden in den Monaten Juni und Juli geschnitten.

Tsuga (Hemlocktanne)
Gekaufte Samen werden für vier Wochen stratifiziert, bevor sie im April/Mai unter Glas ausgesät werden.
Zur Stecklingsvermehrung eignen sich einjährige Kopftriebe, die Juli/August geschnitten werden.

Ulmus (Ulme)
Die Samen werden gleich nach der Ernte oder im Frühjahr ausgesät.
Die Stecklingsvermehrung erfolgt im Sommer mit leicht verholzten Trieben.

Wisteria (Wistarie)
Ausgesät wird im Frühjahr.
Die Stecklingsvermehrung erfolgt in den Monaten Juli/August aus ausgereiften, leicht verholzten Trieben. Da Sämlinge erst nach Jahren zu blühen beginnen, sind Stecklinge zu bevorzugen.

Zelkova (Zelkove)
Gekauftes Saatgut muß vor der Aussaat im Frühjahr für zwei bis drei Monate stratifiziert werden.
Die Stecklingsvermehrung erfolgt in den Monaten Juni und Juli.

Aus Baumschulpflanzen – der schnelle Weg für Ungeduldige

Baumschulen und Gartencenter können manchmal richtige Fundgruben für Bonsai-Kandidaten sein. Natürlich ziehen die Gärtner die Bäume mit einem dem Bonsai-Gedanken widersprechenden Ziel heran. Das Ziel eines Gärtners ist in der Regel ein möglichst lang gewachsener Stamm, der sich in einem Garten schnell

a. Die Azalee bringt als Voraussetzung für einen guten Bonsai einen schönen Stamm mit. Lediglich die ganz kurzen Äste können für die weitere Gestaltung verwendet werden.

b. Für die zukünftige Entwicklung läßt man nur die kürzeren Triebe, die sich von der Stellung her für die Gestaltung eignen, unbeschnitten. Der starke Gipfeltrieb wird herausgeschnitten und ein Nebenzweig zu einer provisorischen Krone hochgedrahtet.

c. Schon nach einem Jahr haben sich viele neue Äste und Zweige gebildet. Nun erfährt der zukünftige Bonsai einen starken Rückschnitt. Die provisorische Krone wird entfernt, viele Äste und Zweige herausgeschnitten und die für die Gestaltung wichtigen Äste eingekürzt.

d. Azaleen haben eine enorme Regenerationsfähigkeit. Selbst Äste, die nach dem Schnitt keine Blätter mehr tragen, treiben aus schlafenden Augen willig aus. Schon jetzt werden die Astetagen mit ihren Zweig- und Blattpolstern geplant.

e. Während der folgenden Wachstumszeit beschneidet man den Neuaustrieb so, daß die geplanten Astetagen entstehen und die Kronensilhouette einem ungleichschenkligen Dreieck gleicht.

f. Der fertige Bonsai ist in seine endgültige Schale gepflanzt. Mit Hilfe von Draht müssen in Zukunft immer wieder kleine Verbesserungen der Form vorgenommen werden. Ansonsten wird die weitere Formung aus dem Beschneiden der Triebe bestehen.

zu einem großen Baum entwickelt. Bei Bäumen von mehr als 1,5 Meter Höhe kommt man nicht umhin, den Stamm drastisch einzukürzen. Das kann manchmal sehr reizvoll sein, vor allem dann, wenn man die Entrindungstechniken (siehe Seiten 72 bis 81) gut beherrscht und anwenden will.

Lediglich in den Abteilungen für Balkon- und Friedhofspflanzen findet man entweder durch Schnitt oder durch Zuchtauswahl klein gewachsene Bäume. Da die Bäume sich hier zusätzlich meist in Kunststofftöpfen befinden, können wir davon ausgehen, daß sie einen Wurzelballen haben, der sich in kurzer Zeit zu einem kompakten Bonsai-Wurzelballen weiterentwickeln läßt. Noch im Kunststofftopf lassen sich dann die meisten Gestaltungsarbeiten durchführen, bis es sich schließlich lohnt, den Baum in eine geeignete Bonsai-Schale umzupflanzen.

In jedem Fall halten wir Ausschau nach Bäumen, die einen gut entwickelten Stamm haben und sich bereits möglichst weit unten zu verzweigen beginnen. Der

Aus auf den ersten Blick unscheinbaren Baumschulpflanzen (beide *Juniperus communis* 'Hornibrooki') lassen sich interessante Bonsai gestalten.

Stamm sollte sich dabei gleichmäßig zur aktuellen oder zur neuen Krone hin verjüngen. Entsprechend sind Bäume mit einem Stamm, der sich über eine längere Strecke mit fast gleichem Durchmesser präsentiert, für unsere Zwecke ungeeignet.

Die an dem Baum vorhandenen Äste müssen von unten nach oben an Stärke abnehmen, da sonst mit den vorhandenen Ästen eine überzeugende Bonsai-Gestaltung unmöglich ist. Dabei sollte man darauf achten, daß sich viel mehr Äste und Zweige an dem Baum befinden, als für die spätere Gestaltung erforderlich sind. Erst bei der Feingestaltung stellt man sonst auf einmal bestürzt fest, daß für eine ausgewogene Ausprägung der Form wichtige Äste fehlen. Man kann eher Äste und Zweige entfernen, als für die Gestaltung notwendige Äste hinzufügen.

In manchen Fällen findet man in der Baumschule einen Baum, der einen hervorragenden Stamm hat und zusätzlich einen schönen Wurzelhals zeigt, nur die Verzweigung ist für die Gestaltung völlig ungeeignet. Hier entfernt man im Frühjahr alle dickeren Äste und zieht aus noch sehr dünnen Zweigen oder neu austreibenden schlafenden Augen den Astaufbau völlig neu heran. Diese Radikalmethode ist häufig viel lohnender, als sich zu bemühen, aus „Kompromiß-Ästen" eine brauchbare Gestaltung aufzubauen. Man wird trotz intensiver Gestaltungsarbeit dem späteren Bonsai diese Gestaltungsmängel immer ansehen.

Yamadori – der Weg des Sammlers

Japan ist ein Land der Berge. Entsprechend ist es nicht verwunderlich, daß einige der schönsten Bonsai aus Bäumen gestaltet wurden, die in den Höhenlagen der Berge gefunden wurden, was sich auch in dem Begriff „Yamadori" ausdrückt. Yamadori heißt soviel wie „natürlich in den Bergen gewachsen". Wir verwenden diesen Begriff mittlerweile aber für Bäume, die irgendwo aus der Natur entnommen, zu Bonsai gestaltet werden.

Im Vererbungsmaterial eines jeden Baumes steckt eine gewisse Variationsbreite im Höhenwachstum und in der Blattgröße. Unter den günstigsten Wachstumsbedingungen erreicht der jeweilige Baum seine genetisch bedingte Maximalgröße und entwickelt sich somit zu einem imposanten Baumindividuum. Sind die äußeren Bedingungen so, daß sie das Existenzminimum des Baumes gerade sichern, überlebt er, entwickelt aber nur seine Minimalform.

Solche Faktoren finden wir beispielsweise mit zunehmender Höhe im Hochgebirge, in der jede Baumart an ihre eigene Baumgrenze stößt. So erreichen Laubbäume, wie die Buche, viel eher ihre Baumgrenze als Nadelbäume, wie die Latschenkiefer. Aber auch im Flachland können wir Bäume finden, die bei recht hohem Alter klein geblieben sind. In den meisten Fällen handelt es sich um Bäume, die regelmäßig durch einen Wildverbiß einen „Naturschnitt" erhalten haben.

Wie auch immer, solche von Natur aus klein gehaltenen Bäume eignen sich manchmal hervorragend für eine Bonsai-Gestaltung. Natürlich wird kein verantwortungsbewußter Bonsai-Liebhaber einfach in die Natur gehen und irgendwelche Bäume ausgraben. Wer das dennoch macht, muß unter Umständen sehr empfindliche Konsequenzen tragen. So kann es in Deutschland bei schwerwiegenden Verstößen zu einer Geldbuße von bis DM 50 000,– kommen.

Um das Überleben des ausgegrabenen Baumes zu sichern, gilt es einige Dinge zu beachten:

1. Zunächst wird der in Aussicht genom-

mene Baum genau auf seine wirkliche Bonsai-Tauglichkeit untersucht. Nicht selten stellt man fest, daß der auf den ersten Blick wunderschöne „Natur-Bonsai" eigentlich gar kein Potential hat, sich wirklich zu einem guten Bonsai zu entwickeln. Es macht überhaupt keinen Sinn, irgendeinen Baum zunächst auszugraben und dann zu Hause zu entscheiden, ob er sich für eine Bonsai-Gestaltung eignen könnte.

2. Hat man einen geeigneten Baum gefunden, bittet man den Besitzer des Grundstücks um eine Ausgrabegenehmigung. Da die Bäume, die für uns von Interesse sind, forsttechnisch keinen Wert haben, wird eine Genehmigung meist leicht zu bekommen sein. Die Gebühr für einen ausgegrabenen Baum liegt fast immer unter DM 10,–. Lediglich, wenn zum Beispiel mehrere kleine Bäume mit ihren Wurzeln einen Hang gegen Abrutschen sichern, wird solch eine Genehmigung versagt.

3. Die richtige Jahreszeit, in der der Baum die größte Überlebenschance nach dem Ausgraben hat, ist das zeitige Frühjahr, wenn die Knospen gerade anzuschwellen beginnen. Zunächst wird der Wurzelballen vorsichtig untersucht. Hat der Baum ein weit ausladendes Wurzelwerk, müssen wir vor dem Ausgraben zunächst für einen kompakteren Wurzelballen sorgen. Das erreicht man durch mehrmaliges Umstechen des Wurzelballens mit einem scharfen Spaten. Natürlich wird sich das eigentliche Ausgraben nun um ein bis zwei Jahre verzögern.

4. Hat sich ein kompakter Wurzelballen gebildet oder ist bereits vorhanden, können wir mit dem eigentlichen Ausgraben des Baumes beginnen. Dazu wird mit einem scharfen Spaten der Wurzelballen recht großzügig umstochen, so daß möglichst viele Wurzeln erhalten bleiben. Vielfach haben die Bäume auch eine tief ins Erdreich reichende Pfahlwurzel, die gekappt werden muß. Hierbei ist darauf zu achten, daß nur ein geringer Teil des Wurzelballens verloren geht.

5. Nachdem der Wurzelballen aus dem Grabloch gehoben wurde, wird er unter Umständen angefeuchtet und schließlich mit einer kräftigen Kunststofffolie, als Schutz gegen Austrocknung während des Transports, umwickelt. Auch sollten für den Transport überlange oberirdische Triebe eingekürzt werden.

6. Zu Hause erfolgt ein erster Formschnitt, der das zusätzliche Ziel hat, oberirdische und unterirdische Baumteile wieder ins Gleichgewicht zu setzen. Der Rückschnitt ist erforderlich, da, wie vorsichtig man auch immer gearbeitet hat, ein nicht unerheblicher Teil an Wurzelmasse verlorengegangen ist. Zu diesem Zeitpunkt muß das oberste Ziel sein, den Baum am Leben zu erhalten.

7. Auf keinen Fall wird der Baum sofort in eine Bonsai-Schale gepflanzt, da hierfür noch mehr Wurzeln geopfert werden müssen. Wann immer möglich, wird der frisch ausgegrabene Baum für einige Jahre in den Garten gepflanzt, während weiter ein kompakter Wurzelballen, der den späteren Bonsai auch wirklich versorgen kann, gezogen wird. Ersatzweise kann der Baum zur weiteren Umstellung natürlich auch in einen ausreichend großen Plastikcontainer gepflanzt werden. Bei sehr großen Pflanzen kann auch eine aus Holzbrettern gezimmerte Kiste hilfreiche Dienste leisten.

8. Schon während dieser Umstellungsphase können an den oberirdischen Baumteilen alle erforderlichen Gestaltungsarbeiten durchgeführt werden. Auf jeden Fall sollte das Triebwachstum durch geeignete Schnittmaßnahmen unter Kontrolle gehalten werden.

Peter Brown (GB) hat die Gemeine Kiefer (*Pinus sylvestris*) vor zehn Jahren in der freien Natur gefunden und seit fünf Jahren gestaltet (Höhe des Baumes 70 cm).

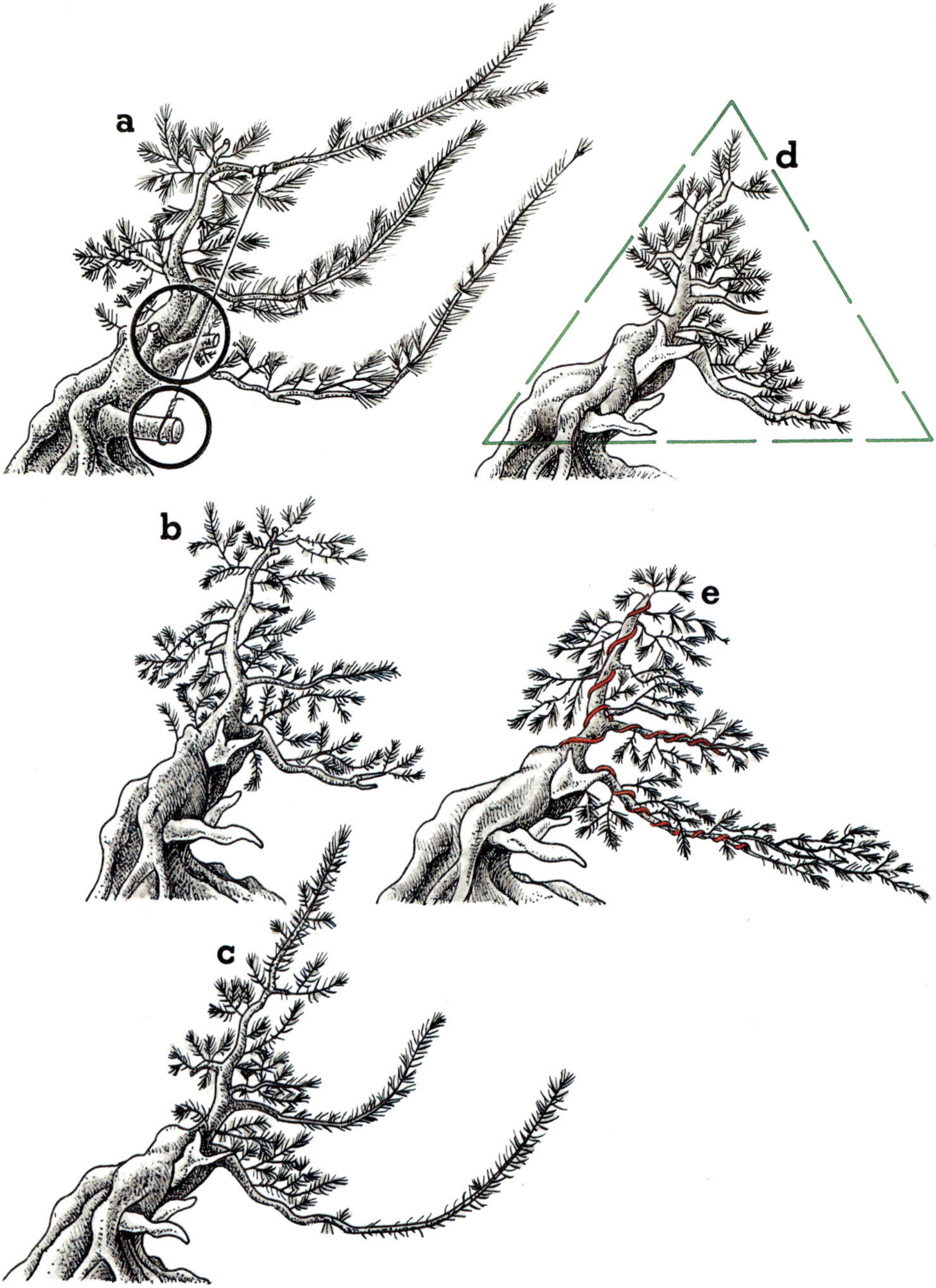

9. Erst wenn die Pflanze oberirdisch eine gewisse Reife erreicht und unterirdisch einen kompakten Wurzelballen gebildet hat, wird er in eine Bonsai-Schale umgepflanzt. In den nächsten Jahren geht es um die Verfeinerung der Form und damit die Ausreifung des Baumes zum Bonsai.

a. Bei dem Wacholder muß zunächst die Spitze neu aufgebaut werden. Dazu wird der lange Spitzentrieb mit Hilfe eines Spanndrahtes herabgezogen. Einen seiner Nebenzweige bringt man somit in die Spitzenposition. Alle Äste, die noch Dickenwachstum benötigen, läßt man zusätzlich stark durchtreiben.

b. Reste von dicken Ästen, die schon vor einiger Zeit abgeschnitten wurden, werden als Jin bearbeitet. Der neue Spitzentrieb hat sich in seiner neuen Position stabilisiert. Die lang ausgewachsenen Äste sind stark beschnitten.

c. Für weiteres Dickenwachstum läßt man die Äste erneut durchtreiben.

d. Wieder werden die kräftig durchgetriebenen Äste stark zurückgeschnitten. Der Rückschnitt geht dabei hinter die Linie des gedachten ungleichschenkligen Dreiecks der Endgestaltung zurück. Auf diese Weise haben wir noch Raum für den Aufbau der feinen Verzweigung der Äste.

e. Die folgende feine Verzweigung wird mit einer bis ins Feinste gehenden Drahtung in Form gebracht.

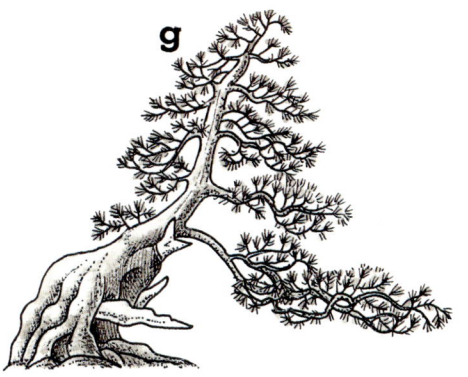

f. Zur Ausgestaltung der Laubpolster werden die feinen, noch weichen Triebe regelmäßig gezupft.

g. Durch Ausdünnen der Triebe erzielt man eine höhere Transparenz des Bonsai.

h. Durch regelmäßiges Zupfen bekommt man im Laufe der Zeit die für den Wacholder typischen dichten, wolkenförmigen Laubpolster. Durch Shari-Bereiche wird die Aussagekraft des Stammes gesteigert. Die gewählte Schale unterstreicht die Gesamtgestaltung.

Die weiterführenden Gestaltungsprinzipien

Ein Bonsai stellt das miniaturisierte Abbild eines großen Baumes in der freien Natur dar. Wie bei jeder verkleinerten Darstellung müssen wir uns bei der Bonsai-Gestaltung auf die wesentlichen Merkmale eines Baumes konzentrieren, wir müssen ihn gewissermaßen abstrahieren. Um das richtige Maß an Abstraktion zu finden, ist es hilfreich, einige grundsätzliche Formalien zu beachten, ohne dabei formalistisch zu werden. Wir müssen immer bedenken, daß es sich bei dem Hauptgestaltungsgegenstand um ein Lebewesen handelt, welches sich nur bedingt gestalterischen Prinzipien unterordnet.

Auch hier finden wir wieder die philosophischen Prinzipien des Zen. Ein Bonsai repräsentiert die wichtigen Prinzipien von „Sabi" und „Wabi". Mit Sabi ist in der Zen-Kunst die Reife und stille Würde des Alters und Gebrauchtseins, die unaufdringliche Schlichtheit gemeint. In diesem Sinne hat ein alter Baum Patina angesetzt, die ihn Ruhe, Würde und Charakter ausstrahlen lassen. Wabi bezeichnet mehr die mit Bedacht gewählte Armut, Kargheit, Einfachheit, die unspektakuläre Reduktion auf das Wesentliche.

Vielfach ist es für eine Gestaltung wünschenswert, einen Ast in einer bestimmten Position und in einem gewissen Reifegrad vorzufinden, aber leider ist gerade dieser Ast nicht vorhanden. Als Folge müssen wir unsere Gestaltungsvorstellungen relativieren und von den Formalien abweichen. Andererseits kommen wir nur so zu Bonsai-Gestaltungen, die in jedem Fall einzigartig sind. Je näher wir aber der idealisierten Ausformung einer bestimmten Grundstilart durch geschickte Anwendung der Gestaltungstechniken kommen, um so mehr nähern wir uns der eigenen Meisterschaft.

Der eigenen Meisterschaft sind wir sicherlich dann sehr nahe, wenn wir es schaffen, die optimale Gestaltung für den Baum so auszuformen, daß die Gesamtgestaltung in sich stimmig ist. Unter Umständen müssen wir sogar Stilelemente verschiedener Grundstilarten kombinieren. Einige der größten Bonsai-Meisterwerke haben bei formaler Betrachtung sogar Gestaltungsfehler, stellen aber einen bestimmten Baum dermaßen überzeugend dar, daß sie jeden Menschen in ihren Bann ziehen.

Formale Gestaltungsprinzipien helfen bei der Suche nach der richtigen Form für einen konkreten Baum, ersetzen aber

Sabi, die Würde des Alters, und Wabi, die Reduktion auf das Wesentliche, drücken sich in diesem Igelwacholder (*Juniperus rigida*) aus. (Bonsai Sekai, Japan)

Die Grundkonzeption eines idealisierten Bonsai

nicht die Intuition und Kreativität des Gestalters. Bonsai nur nach formalen Kriterien gestaltet, weisen zwar keine Fehler auf, haben aber auch keine individuelle Aussagekraft.

Welche Ausgangspflanze auch immer für eine Bonsai-Gestaltung zur Verfügung steht, der Beginn der Gestaltung ist grundsätzlich derselbe. Nur in Ausnahmefällen beginnt man bei der Gestaltung des Bonsai mit dem Aufbau der späteren Baumkrone. Die Gestaltung des Baumes

erfolgt in der Regel von unten nach oben. Ein Bonsai präsentiert sich dem Betrachter immer von einem genau festgelegten Standpunkt aus. Niemals wird er so gestaltet, daß er von einem beliebigen Standpunkt aus betrachtet werden kann. Alle gestalterischen Maßnahmen richten sich nach diesem Betrachtungsstandort. Entsprechend beginnt die Gestaltung eines Bonsai immer mit der Feststellung und Festlegung der Vorderseite.

Ein Bonsai hat eine Vorderseite

Es gibt einige Faktoren, die für die Festlegung der Vorderseite hilfreich sein können:

Bei dieser Mädchenkiefer (*Pinus parviflora* var. Himekomatsu) sind Stammverlauf, Wurzelhals und Stellung der Hauptäste genau aufeinander abgestimmt.

1. Die Analyse der Stammform legt die Grundstilart fest. Hierbei berücksichtigt man den Verlauf des Stammes vom Wurzelhals bis zur Spitze.
2. Die Betrachtung des Wurzelansatzes mit seinen gleichmäßig kräftigen Wurzeln. Wobei auch die Winkel zwischen den einzelnen Wurzelansätzen eine wichtige Rolle spielen.
3. Die Verteilung und Richtung der Ast- und Zweigansätze.

Mit der grundsätzlichen Festlegung der Grundstilart, in der wir den Baum gestalten wollen, haben wir eine wichtige Vorentscheidung für das weitere Vorgehen getroffen.

Zur Festlegung der Vorderseite schauen wir uns den Wurzelhals und die Stellung eines in Frage kommenden Hauptastes genau an.

Der Wurzelhals sollte zwar nach allen Seiten mit dickeren Wurzelansätzen vom Stamm wegstreben, es zeigen aber keine Wurzelansätze direkt auf den Betrachter zu. Wichtig sind also kräftigere Wurzelansätze vor allem zu den beiden Seiten, da sie dem Baum optische Stabilität geben, und zur Rückseite, diese geben der Gestaltung den Eindruck von Tiefe.

Die Astkonstruktion eines Bonsai

Der erste Ast oder Hauptast (jap.: Ichi-no-Eda) zeigt bei den häufigsten Grundstilarten zu einer der beiden Seiten mit einer ganz leichten Tendenz nach vorne, nie direkt nach hinten oder vorne. Der Hauptast ist der dickste, längste und verzweigteste Ast des Bonsai. Bei den Grundstilarten mit gebogenem Stamm liegt er an der Außenseite der ersten Stammkrümmung. Diese wiederum befindet sich unterhalb der Mitte, meist sogar im unteren Drittel des Baumes und zeigt zu einer der beiden Seiten mit gleichzeitiger Neigung nach hinten.

Nachdem der Hauptast festgelegt und gestaltet ist, wenden wir uns dem Rückseitenast (jap.: Ushiro-Eda) zu. Er gibt der Gestaltung die optische Tiefe, liegt etwas höher als der Hauptast und weist nach hinten. Für eine überzeugende Tiefenwirkung muß eine der beiden Astseiten von der Baumvorderseite gesehen werden können. Er zeigt also nicht direkt nach hinten, sondern weist leicht in die dem ersten Ast entgegengesetzte Richtung oder liegt mit leichter Tendenz zu derselben Seite wie der Hauptast. Der Rückseitenast sollte ein wenig kürzer und dünner sein als der erste Ast.

Noch etwas höher setzt der zweite Ast (jap.: Ni-no-Eda) an. Er weist bevorzugt in die dem Hauptast entgegengesetzte Richtung. Wie sein Name schon andeutet, hat dieser Ast eine wichtige Bedeutung für die Gesamtgestaltung des Bonsai. Seine Spitze ist ein Eckpunkt für das ungleichschenklige Dreieck, welches die Baumsilhouette darstellen sollte. Die anderen beiden Eckpunkte sind die Spitze des ersten Astes und die Baumspitze.

Der Ansatz für den dritten Ast (jap.: San-no-Eda) wird vorzugsweise dem zweiten Ast gegenüber liegen, wobei beide Äste aber nicht in gleicher Höhe dem Stamm entspringen sollten.

Bis zu dieser Gestaltungshöhe, wir befinden uns jetzt bereits im oberen Drittel des Baumes, weist nach Möglichkeit noch kein Ast nach vorne. In den unteren zwei Dritteln des idealisierten Bonsai muß der Stammverlauf gut gesehen werden können. Nur so ist der Eindruck eines großen Baumes in der freien Natur durch seine miniaturisierte Ausgabe überzeugend darzustellen.

Nun können wir uns der Gestaltung des Vorderseitenastes (jap.: Mae-no-Eda) widmen. Obwohl dieser Ast auf der Vorderseite des Stammes entspringt, weist auch er nicht direkt auf den Betrachter. Ein solcher Ast würde „Augenstecher" genannt werden. Bei mittelgroßen Bonsai befindet sich der Vorderseitenast oberhalb der Augenhöhe. Bei allen Bonsai-Formaten beginnt mit diesem Ast das obere Drittel des Bonsai.

Die Krone baut sich aus Ästen auf, die in die verschiedenen Richtungen des Baumes weisen. Die Krone stellt ein ruhiges, dem Baum Stabilität gebendes Gestaltungselement dar. Sie liegt über dem optischen Schwerpunkt des Baumes, welcher sich meist im Lot über dem Stammfuß

befindet. Auf keinen Fall weist die Krone vom Betrachter weg nach hinten, sondern sie neigt sich freundlich und leicht zum Betrachter hin.

Die Dichte der Kronenäste richtet sich nach den Abständen zwischen den Ästen, die die Gestaltung bestimmen wie zuvor beschrieben. Eine enge Abfolge der Hauptäste erfordert entsprechend eine dichte Baumkrone, während größere Abstände zwischen den Hauptästen eine weniger dichte Krone nach sich ziehen.

Bei richtiger Stellung bilden die Baumspitze und die Spitzen des ersten und zweiten Astes die Eckpunkte eines ungleichschenkligen Dreiecks. (*Acer palmatum* 'Atropurpureum', Besitz: Bonsai-Centrum, Heidelberg)

Unter Berücksichtigung dieser Erkenntnis wird die Stammhöhe festgelegt.
Bei der Grundgestaltung eines Bonsai läßt man sinnvollerweise mehr Äste stehen, als für die finale Gestaltung eigentlich

erforderlich wären. Erfahrungsgemäß stirbt auch mal der eine oder andere Ast nach der Grundgestaltung ab, oder er entwickelt sich nicht in dem gewünschten Maße. Ein solcher Ast kann dann möglicherweise durch einen der Reserve-Äste ersetzt werden. Haben sich die für die Gestaltung wichtigen Äste als gesund erwiesen, werden die Reserve-Äste nach und nach entfernt.

Höhe, Breite und andere Proportionen

Neben der Abfolge der Hauptäste wird die Gesamthöhe des Bonsai auch durch seine Stammdicke bestimmt. Mit Ausnahme der Literaturform ergibt bei allen anderen Grundstilarten die sechsfache Stammdicke die richtig proportionierte Baumhöhe. So sollte ein Bonsai mit 3 Zentimeter dickem Stamm nach der endgültigen Ausreifung der Gestaltung etwa 18 Zentimeter hoch sein.

Ist ein Stamm zu Beginn der Gestaltung noch recht dünn, werden wir die ungefähre Höhe des Baumes daran orientieren, welche Stammdicke in kurzer Zeit (ein bis drei Jahre) erreichbar erscheint. Natürlich wird sich mit dicker werdendem Stamm auch die Baumhöhe weiterentwickeln müssen.

Aus der endgültigen Stammhöhe ergibt sich, wie weit die Äste ausladen. Die Spanne zwischen den Spitzen des ersten und zweiten Astes sollte maximal die Hälfte der Stammhöhe betragen. So weist die Astsilhouette eines 18 Zentimeter hohen Bonsai maximal eine Breite von 9 Zentimeter auf.

Die einzelnen Äste bilden von oben betrachtet mit ihrer Verzweigung je ein ungleichschenkliges Dreieck (siehe Bild linke Seite) oder ein ungleichseitiges Caro. Die größte Breite entspricht auch hier wieder etwa der halben Länge des Astes.

Die künstlerische Arbeit an einem Bonsai

Ziel jeder gestalterischen Arbeit ist ein Bonsai mit individueller Aussagekraft. Obwohl der Künstler den Baum während des Gestaltungsprozesses wie eine Skulptur bearbeitet, sollten seine Eingriffe, falls überhaupt, nur erahnt werden können. Alle Einzelteile an dem Bonsai sollten so natürlich wie möglich aussehen.

Die Hauptgestaltungsarbeit besteht im Beschneiden des Baumes. Schneiden und Zupfen der Triebe sind die Hauptfaktoren, die den Baum klein halten. Zusätzlich werden zur Herausarbeitung der künstlerischen Aussage aber auch unschöne oder überproportionierte Äste herausgeschnitten oder umgeformt. Bei richtiger Anwendung der Schnittechniken über viele Jahre wird am Ende einer jeden Wachstumsperiode die Verzweigung deutlich feiner geworden sein. Als erwünschter Nebeneffekt werden die Internodien zunehmend kürzer sowie die Blätter bzw. Nadeln vieler Baumarten kleiner. Neben den reinen Gestaltungseffekten erfährt der Baum mit jedem Formschnitt, zur richtigen Zeit durchgeführt, eine Verjüngung und Auffrischung seiner Lebenskraft. Man kann feststellen, daß viele Baumarten, als Bonsai gehalten, ein höheres Lebensalter erreichen als ihre Brüder in der freien Natur.

Der Bonsai als lebende Skulptur

Vor allem, wenn man einen Bonsai aus einer Baumschulpflanze oder einem in der Natur gefundenen Baum gestalten will, kommt man meistens nicht umhin, ihn stark zu beschneiden. So müssen vielfach der Stamm drastisch eingekürzt und dicke, die beabsichtigte Form störende Äste herausgeschnitten werden.

Links: Durch zu dichte Astetagen fehlt es dem Bonsai an Transparenz. Die hutartige Krone wirkt viel zu schwer für diesen Bonsai. Die Steinschale erscheint ebenfalls ungeeignet.

Rechts: Stark beschnitten und kräftig ausge-dünnt, wird die Aussagekraft des Stammes erst sichtbar. Natürlich müssen nach einem so star-ken Rückschnitt die Äste und Zweige durch eine entsprechende Drahtung neu geordnet und in Form gebracht werden. Die nun gewählte Schale unterstreicht die neue Formge-bung.

Oberirdische Baumteile und Wurzeln ste-hen in einem bestimmten Gleichgewicht zueinander, welches bei jedem starken Rückschnitt wieder neu hergestellt wer-den muß. Schneidet man einen Baum nur oberirdisch stark zurück, so liefert der nun überproportional große Wurzelballen weiterhin die vorherige Menge an Wasser und Nährsalzen. Die Folge ist, daß der Baum aufgrund des hohen Wasserdrucks stark aus den Wunden blutet und dabei eventuell sogar abstirbt, weil sein Säfte-gleichgewicht gestört ist.

Deshalb sollte grundsätzlich ein starker Rückschnitt der oberirdischen Teile mit einem entsprechenden Wurzelschnitt verbunden sein, um so den Baum wieder ins Gleichgewicht zu setzen. Natürlich gilt das umgekehrt auch für einen starken Wurzelschnitt. Auch hier müssen wir die oberirdischen Teile im Verhältnis zum erfolgten Wurzelschnitt zurückschnei-den.

Selbstverständlich braucht man nach einem normalen Formerhaltungsschnitt keinen Wurzelschnitt durchzuführen. Dasselbe gilt für den regelmäßig notwen-digen Wurzelschnitt bei einem fertigen Bonsai. Hier reicht es völlig aus, wenn der normale Formerhaltungsschnitt mit dem Wurzelschnitt kombiniert wird.

Obwohl wir künstlerisch arbeiten, um wie

Oben: Eine Pflanze (*Larix decidua* 'Nana'), wie man sie in jedem Gartencenter finden kann.

Oben rechts: Nach dem ersten Formschnitt.

Unten rechts: Die Stellung der Äste wurde mit Draht korrigiert.

Unten: Im nächsten Frühjahr wird der Baum in seine Schale umgepflanzt.
(Schale: Peter Krebs, Herborn)

aus einem Stein eine Skulptur herauszuarbeiten, dürfen wir nie vergessen, daß es sich bei dem Hauptgestaltungsgegenstand um eine lebende Pflanze handelt, deren Gesundheit wir nicht gefährden dürfen.

Das Maß des Rückschnitts richtet sich nicht zuletzt nach der Regenerationsfähigkeit der verschiedenen Baumarten. Im Prinzip besitzen zwar alle Bäume die Fähigkeit, mit sogenannten schlafenden Augen auch aus dem alten Holz neu auszutreiben, diese Fähigkeit ist aber verschieden stark ausgeprägt. Während man bei einigen Baumarten ohne weiteres bis aufs alte Holz zurückschneiden darf und der jeweilige Baum dennoch willig aus schlafenden Augen neu austreibt, bedeutet das für andere Baumarten den Tod.

Bei Laubbäumen bildet sich in jeder Blattachsel eine Knospe, während wir bei Nadelbäumen nur in den Achseln weniger Nadeln Knospenbildung haben. Einige dieser Knospen treiben nicht aus, sondern bilden sich zurück und fallen in einen Ruhestand, der bis zu 90 Jahre anhalten kann. Innerhalb der 90 Jahre kann der Baum solch ein schlafendes Auge wecken und austreiben lassen.

Grundsätzlich kann man sagen, daß alle langnadeligen Koniferen, wie zum Beispiel die Kiefern, einen starken Rückschnitt mit der Entfernung aller grünen Teile nicht vertragen. Sofern man aber noch einige Nadeln pro Trieb stehen läßt, treiben auch Kiefern aus dem älteren Holz aus. In der nächsten Wachstumsperiode kann man dann, falls nötig, auf den Neuaustrieb am alten Holz zurücksetzen und dadurch eine kompaktere Form erlangen. Gleiches gilt für einige Laubbäume, wie zum Beispiel Buchen und Eichen. Auch hier muß bei einem extrem starken Rückschnitt, der immer erst erfolgen sollte, wenn die Knospen im Frühjahr schon anzuschwellen beginnen, an jedem Trieb noch die eine oder andere sichtbare Knospe für den Austrieb erhalten bleiben.

Nachdem der Austrieb aus den verbliebenen Knospen im Frühjahr erfolgt ist, schneidet man die frischen Triebe auf ein bis zwei Blätter zurück und hofft darauf, daß schlafende Augen näher zum Stamm hin geweckt werden. Das ist aber gerade bei Buchen und Eichen nicht immer gewiß. Das gilt vor allem im unteren Bereich des Baumes oder wenn der Baum schon verhältnismäßig alt ist. Häufig erfolgt ein Austrieb aus schlafenden Augen auch erst in der folgenden Wachstumsperiode.

Die eingeschränkte Regenerationsfähigkeit dieser Baumarten liegt an ihrer nur beschränkten Speicherfähigkeit für Nährstoffe im alten Holz. Die Nährstoffe werden im Herbst vor allem in den neu angelegten Knospen gespeichert. Entsprechend gehen hier bei einem drastischen Rückschnitt zum Ende des Winters auch viele Speicherstoffe verloren, die dann für einen Austrieb im Frühjahr, vor allem aus dem alten Holz, nicht zur Verfügung stehen.

Aus dem gleichen Grund reagieren im übrigen diese Baumarten auf Düngermangel viel eher mit Kleinwuchs als Bäume mit guter Speicherfähigkeit.

Anders sieht es bei Baumarten mit guter Speicherfähigkeit aus. Ahorne, Ulmen, *Ficus*-Arten und Azaleen zum Beispiel können bis aufs „nackte" alte Holz zurückgeschnitten werden und treiben dennoch willig aus schlafenden Augen neu aus. Das geschieht aber nur unter zwei Voraussetzungen: a) ein gleichzeitiger Wurzelschnitt muß durchgeführt werden, b) der Rückschnitt erfolgt, bevor sich die vorher vorhandenen Knospen öffnen.

Kiefern haben nur eine eingeschränkte Regenerationsfähigkeit. Bei einem starken Rückschnitt müssen noch einige Nadeln erhalten bleiben. (Mädchenkiefer, *Pinus parviflora*, Doppelstamm; Gruga-Park, Essen)

Da die Speicherstoffe vor allem im Holz eingelagert sind, stehen sie für den Austrieb auch aus schlafenden Augen zur Verfügung.

Eine ähnlich gute Regenerationsfähigkeit können wir bei feinnadeligen Koniferen, wie zum Beispiel Wacholdern, Hemlocktannen, Eiben, Sumpfzypressen und Altwelt-Mammutbäumen feststellen. Vor allem, wenn sie noch recht jung sind, vertragen sie einen drastischen Rückschnitt sehr gut.

Mit einem starken Rückschnitt regen wir also grundsätzlich neues Wachstum an, während ein mäßiger Formschnitt oder auch das Zurückzupfen von feinen Trieben das Wachstum hemmt. Diese Vorgänge werden von verschiedenen Pflanzenhormonen gesteuert.

So werden in den Endknospen sogenannte Auxine hergestellt, die eine zweifache Wirkung haben. Zum einen lassen sie den Trieb, der sich aus der Endknospe entwickelt, lang und stark wachsen. Zum andern unterdrücken diese Hormone das Austreiben weiter hinten liegender Nebenknospen und schlafender Augen. Diese Phänomene wirken sich nach der Stellung der jeweiligen Endknospe unterschiedlich stark aus. Je näher die Endknospe der Baumspitze ist und je senkrechter ihre Stellung ist, um so stärker treibt sie aus und unterdrückt andere darunterliegende Knospen. Werden die dominierenden Endknospen entfernt, treiben sowohl Nebenknospen als auch schlafende Augen aus.

Eine andere Gruppe von Pflanzenhormonen bilden die sogenannten Gibbeline. Sie werden in den jungen Blättern und in den Wurzelspitzen gebildet. Je mehr Gibbeline gebildet werden können, um so stärker wächst der Bonsai. Nach einem Wurzelschnitt oder nach einem Formschnitt bzw. nach dem Zupfen von Trieben tritt entsprechend ein Mangel an Gibbelinen auf, es setzt ein Wachstumsstopp ein, und es kommt zu dem beabsichtigten Zwergwuchs des Baumes. Das heißt, die Blattzwischenräume (Internodien) werden kürzer, und die Blätter bleiben kleiner.

Unerwünschte Äste

Viele Äste müssen entfernt werden, weil sie entweder in Positionen stehen, die die Form stören oder weil sie dem Baum einen jugendlichen Ausdruck verleihen. Zunächst analysieren wir den Baum unter den Aspekten, die wir weiter vorn schon betrachtet haben. Wir legen also die Vorderseite und die Stellung der für die Gestaltung wichtigen Äste fest.

Entfernt werden folgende Äste:

1. Feine Triebe, die direkt aus dem Wurzelhals herauswachsen, also die sogenannten Wurzelschößlinge.
2. Dickere und feinere Äste, die zu niedrig am Stamm entspringen, als daß sie für die Gestaltung des Bonsai in Frage kämen.
3. Feine Triebe, die zwischen den Hauptästen direkt am Stamm wachsen.
4. Die Äste, die oberhalb der Hauptäste liegen, aber dicker sind als die Hauptäste.
5. Kräftig, senkrecht wachsende Zweige auf der Oberseite der Äste.
6. Zweige, die auf der Unterseite von Ästen entspringen.
7. Die Vorderseite kreuzende Äste.
8. Mehr oder weniger dicke Äste, die direkt auf den Betrachter zuwachsen.
9. Alle Zweige in der Krone, die den Aufbau eines ungleichschenkligen Dreiecks der Baumsilhouette verhindern.
10. Zweige, die auf der Innenseite von Stamm- oder Astbiegungen wachsen.
11. Zweige, die über das gedachte ungleichschenklige Dreieck der Baumsilhouette hinauswachsen.

Entfernen von dicken Ästen

Je dicker ein Ast ist, der entfernt werden soll, um so größer ist auch die entste-

Alle falsch stehenden Äste und Triebe werden entfernt (siehe linksstehenden Text).

hende Wunde am Stamm. Eine Wunde beinhaltet grundsätzlich die Gefahr, von holzzerstörenden Mikroorganismen befallen zu werden. Bäume versuchen der Gefahr mit unterschiedlichen Strategien zu begegnen.

Die schneller wachsenden Laubbäume versuchen, die Wunde möglichst schnell mit neuer Rinde zu verschließen. Dazu beginnt das Kambium an den Wundrändern mit verstärkten Teilungsaktivitäten, wodurch die neuen Zellen sich zunehmend von außen nach innen über die Wunde ausbreiten – es bildet sich ein Kallus.

Da der Kallus immer mit einer sich vorwölbenden Wulstbildung verbunden ist, würde sich die spätere Wundverheilung bei einem glatten Schnitt ebenfalls verwölben, was noch nach Jahren unschön sichtbar wäre. Durch einen Konkavschnitt mit der Konkavzange, der zur Mitte der Wunde hin tiefer ins Holz geht, gleichen wir die Verwölbung aus und erhalten als Ergebnis eine in die Stammoberfläche integrierte verheilte Wunde. Je dicker der Ast ist, um so tiefer muß der Konkavschnitt ins Holz gehen. Das kann bei einem fingerdicken Ast zur Mitte der Wunde hin etwa $1/2$ Zentimeter sein.

Eine Ausnahme bilden hier Laubbäume mit sehr dünner Rinde, wie zum Beispiel Azaleen oder Scheinkamelien. Hier schwillt der Kallus nicht so stark an, weshalb wir den Ast entweder mit glattem oder mit nur leicht konkavem Schnitt entfernen.

Bei großen Wunden erstreckt sich die vollständige Verheilung über mehrere Jahre. Manchmal stoppt der Heilungsprozeß ohne ersichtlichen Grund in einer Wachstumsperiode, noch bevor die Wunde vollständig verschlossen ist. Durch Anschneiden der inneren Wundkallusränder wird die Bildung neuer Wundverschlußzellen wieder angeregt und die Wunde schließlich doch noch ganz verheilt.

Zusätzlich kann man die Wundverheilung durch die Form der Wunde beeinflussen. Eine Wunde, die nach unten hin spitz zulaufend verlängert wurde, heilt viel schneller als eine kreisrunde Wunde. Das liegt an dem in der Rinde von oben nach unten fließenden Baustoffstrom, der auf diese Weise um die Wunde herum aktiviert wird. Die Wundverheilung erfolgt nun verstärkt von unten nach oben und von beiden Seiten her. Verstärkt wird die Wundverheilung, wenn sich ein lebender Ast oberhalb der Wunde befindet.

Die meisten Nadelbäume brauchen für die Verheilung einer Wunde mehr Zeit. Außerdem lassen sie aus einer Wunde Harz auslaufen – wir sagen, der Baum blutet. Um den Saftverlust gering zu halten, gehen wir bei der Entfernung eines dickeren Astes in zwei Stufen vor.

Zunächst kürzen wir den Ast nur ein und lassen einen Stumpen von 3 bis 4 Zentimeter Länge stehen. Normalerweise ist der Stumpen nach etwa drei Monaten eingetrocknet und kann nun vollständig, wie bei den Laubbäumen beschrieben, entfernt werden.

Bei allen Wunden mit einem größeren Durchmesser als 1 Zentimeter wird zum Schutz gegen Infektionen und zur Beschleunigung der Kallusbildung ein Wundverschlußmittel aufgetragen. Durch das Wundverschlußmittel werden die Wundrandzellen gegen Austrocknung geschützt und das freiliegende Holz gegen eindringende Parasiten versiegelt. Die besten Erfahrungen habe ich mit einer aus Japan importierten „Knetmasse" gemacht. Die Wundknetmasse ist im Bon-

Ein dominierender Ast auf der Innenseite einer starken Stammbiegung kann eine ansonsten sehr aussagekräftige Gestaltung nachhaltig stören.

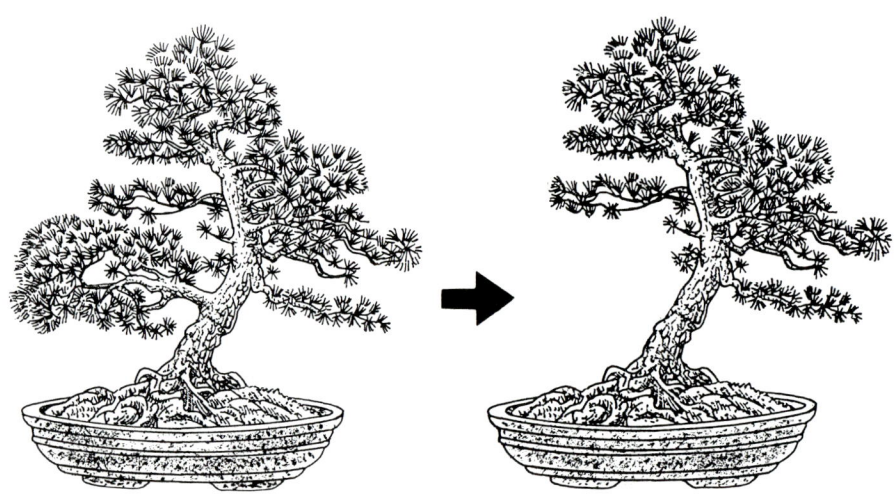

Müssen bei Nadelbäumen starke Äste entfernt werden, ist zu überlegen, ob nicht ein kleiner Teil als Jin gestaltet werden sollte.
(Mädchenkiefer, *Pinus parviflora,* frei aufrechte Form; Gruga-Park, Essen)

sai-Fachhandel erhältlich. Im Gegensatz zu den in Europa üblichen Mitteln verbleiben nach dem Wundverschluß keine Reste des Mittels an dem Baum. Mit zunehmendem Wundverschluß wird die immer noch plastische Masse langsam weggedrückt und fällt schließlich ab.
Zum Auftragen der Knetmasse feuchtet man die Fingerspitzen leicht an, greift ein kleines Stückchen der Masse, formt daraus einen kleinen Ball und drückt ihn auf die Mitte der Wunde. Mit den feuchten Fingerspitzen läßt sich die kleine Kugel nun zu den Wundrändern hin flachdrükken. Wichtig ist, daß sich die Masse bis auf den anschließenden, unverletzten Rindenteil erstreckt.

Neuaufbau von Ästen und einer feinen Verzweigung

Wir haben schon gesehen, daß die meisten Bäume die Tendenz haben, gerade ihr Spitzenwachstum durch Hormone zu fördern. Entsprechend müssen wir, wollen wir das Wachstum weiter unten wachsender Äste fördern, die darüberliegenden Äste stärker zurückschneiden.

Nun können wir einen schwächeren Zweig, der eventuell zu einem Hauptast aufgebaut werden soll, durch den richtigen Schnitt darüberliegender Äste in seinem Wachstum fördern, indem wir seinen Endtrieb nicht beschneiden. Geben wir dem Baum gleichzeitig reichlich Dünger mit erhöhtem Stickstoffgehalt, wird der Trieb sehr stark auswachsen. Sobald der neue Trieb beginnt die normale Rindenfärbung zu bekommen, können wir seine Richtung und Biegung durch eine Drahtung korrigieren. Eine sanfte Biegung erzeugen wir nur zwischen den ersten beiden Knoten (Blattansätzen). Um zu verhindern, daß der Draht zu schnell in die Rinde einschneidet, wird er nur locker um den Trieb gelegt. Den Rest des Triebes biegen wir senkrecht nach oben und lassen ihn unbeschnitten kräftig weiterwachsen. Schon nach wenigen Wochen kann solch ein Trieb 20 Zentimeter und mehr erreichen. Die vielen Blätter an dem Trieb produzieren große Mengen an Baustoffen, und der neue Ast nimmt enorm an Dicke zu. Nun wird der Draht entfernt und der Trieb bis auf die ersten beiden Knoten zurückgeschnitten.

Bei allen Baumarten, die mehrere Wachstumsschübe in einer Wachstumsperiode haben, verfahren wir mit den folgenden Neuaustrieben jeweils in gleicher Weise. Ahorne, Ulmen, Zelkoven und *Ficus*-Arten, aber auch Lärchen, Hemlocktannen und Altwelt-Mammutbäume entwickeln so in einem Jahr recht starke, reich verzweigte Äste.

Baumarten, wie Buchen, Eichen, Kiefern, Tannen und Fichten, zeigen häufig nur einen brauchbaren Austrieb pro Wachstumsperiode, weshalb sich die Astentwicklung hier über mehrere Jahre erstrecken wird.

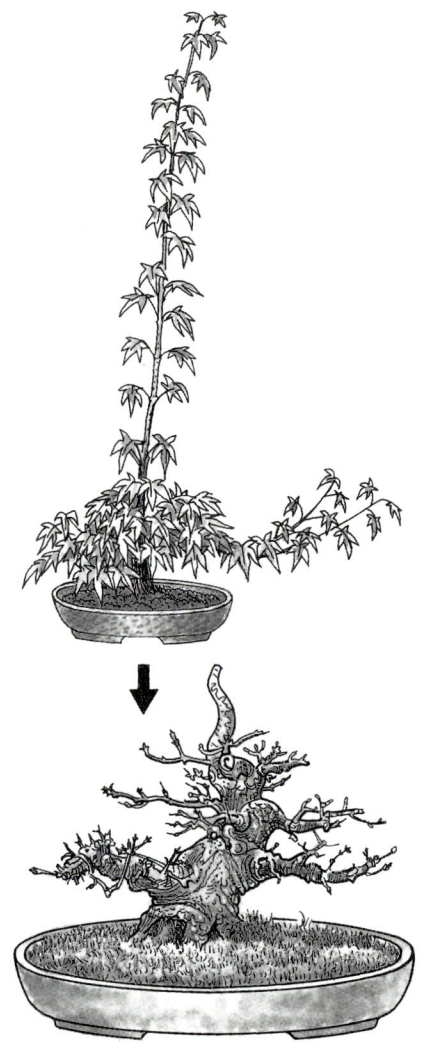

Oben: Bei der „Wachsen-und-Schneiden"-Methode läßt man die Triebe lang auswachsen, die noch ein stärkeres Dickenwachstum benötigen. Die Formkorrektur erfolgt durch Drahten.

Unten: Erst wenn die gewünschte Dicke erreicht ist, wird auf die richtige Gestaltungslänge stark zurückgeschnitten.

Durch starkes Wachstum erlangen wir schnell die gewünschte Astdicke, während die jeweiligen Drahtungen dem Ast sanfte Krümmungen geben, die ihn interessant und abwechslungsreich werden lassen.

Sobald der Ast die gewünschte Dicke und Länge erreicht hat, bauen wir durch frühzeitigen Formschnitt des Neuaustriebs eine feine Verzweigung auf. Konsequentes und frühzeitiges Zurückschneiden ist eine wichtige Voraussetzung für einen ausgewogenen und fein verzweigten Bonsai. Nachdem die Dominanz des Spitzentriebs bzw. der Endknospe durch einen entsprechenden Rückschnitt aufgehoben ist, treiben bekanntlich die Seitenknospen aus, welche die feine Verzweigung aufbauen. Verstärken kann man diese Tendenz durch einen Teilblattschnitt an den Trieben, deren Wachstum wir hemmen wollen, während wir die Blätter an den Trieben belassen, deren Wachstum wir fördern wollen.

Um zusätzlich schlafende Augen zu wekken, die ansonsten nicht die Tendenz zeigen auszutreiben, machen wir mit einem scharfen Messer direkt hinter der Knospe (von der Triebspitze her betrachtet) einen Schnitt in die Rinde. Da die Baustoffe durch den inneren Rindenteil von den Blättern zum Stamm transportiert werden, wird er an der Knospe gestaut und das schlafende Auge zum Austreiben gezwungen. Der Einschnitt in die Rinde ist schon nach kurzer Zeit verheilt und der Baustoffstrom fließt nun wieder ungehindert zum Stamm.

Starke Richtungsänderungen bei dicken Ästen

Junge Bäume haben die Tendenz, ihre Äste möglichst gerade nach oben „schießen" zu lassen, während die Äste alter Bäume sich eher horizontal ausbreiten. Genau hier liegt häufig das Problem, will

man einen Bonsai aus einer Baumschulpflanze oder einem in der Natur gefundenen Baum gestalten. Bei Baumarten mit guter Regenerationsfähigkeit ist das Problem recht einfach. Alle starken Äste, die sich nicht in die Gestaltung integrieren lassen, werden vollständig entfernt und nach der vorher beschriebenen Methode aus dem Neuaustrieb aufgebaut. In Extremfällen kann es sogar erforderlich sein, daß alle Äste entfernt werden müssen und nur noch der nackte Stamm übrigbleibt.

Anders sieht es bei den Baumarten aus, die nur unzureichend aus dem alten Holz austreiben. Hier können wir nicht auf einen Neuaustrieb aus dem alten Holz hoffen und müssen dazu mit Hilfe von Draht die Wuchsrichtung der für die Gestaltung notwendigen Äste korrigieren (siehe auch im Buch „Bonsai Grundkurs" Seite 101–109). Bei dickeren Ästen ist es recht schwierig, die erste notwendige Richtungsänderung direkt am Stamm nur mit einer Drahtung herbeizuführen.

Hier muß man zu einer etwas drastischeren Methode greifen. Zunächst wird direkt am Stamm auf der Unterseite des

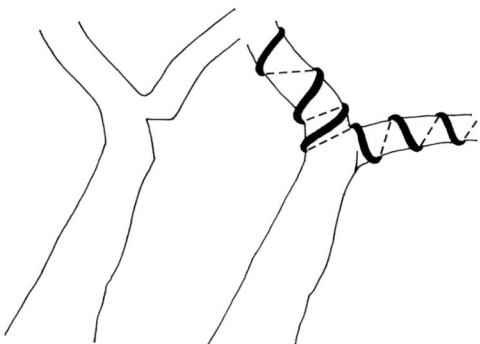

Ist ein dicker Ast nicht mehr biegbar, wird an seiner Unterseite ein Holzkeil herausgeschnitten und anschließend heruntergedrahtet.

Astes ein „V"-förmiger Einschnitt gemacht und der so freigeschnittene Holzkeil entfernt. Der Winkel zwischen den beiden Einschnittseiten legt die Winkelkorrektur zwischen Stamm und Ast fest. Damit die Rinde auf der Oberseite des Astes bei der anschließenden Biegung nicht abreißt, nehmen wir der Rinde dort die Spannung. Dazu führen wir mit dem scharfen Messer einige tiefe Schnitte in Astrichtung durch. Nun läßt sich der Ast mit Hilfe von Draht biegen, wobei wir darauf achten, daß die beiden Seiten des „V"-förmigen Einschnittes genau aufeinanderstoßen. Mit einem Wundverschlußmittel unterstützen wir anschließend die Wundverheilung. Sobald sich ein ausreichender Wundkallus gebildet hat, kann der Draht wieder entfernt werden.

Bei sehr starken Korrekturen des Winkels zwischen Stamm und Ast müssen wir den Ast zusätzlich sichern. Dazu umkleiden wir den Ast dicht mit parallel gelegten Baststreifen, die zur Fixierung dicht mit Bast umwickelt werden. Anschließend wird die korrigierende Drahtung angelegt und in der oben beschriebenen Weise weiter verfahren.

Im Prinzip läßt sich diese Methode auch anwenden, wenn im weiteren Verlauf des Stammes oder eines dicken Astes eine stärkere Richtungsänderung vorgenommen werden soll, die nicht allein mit Draht korrigiert werden kann.

Auch hier wird an der Seite, zu der gebogen werden soll, ein „V"-förmiger Keil herausgeschnitten und die parallelen Einschnitte auf der Gegenseite durchgeführt. Häufig ist auch hier eine Bastummantelung des Biegebereiches anzuraten. Drahtung, Biegevorgang und Wundversorgung schließen sich an.

Aufbau einer neuen Baumspitze

Um einen größeren Baum zum Bonsai zu gestalten, muß der Stamm eingekürzt

werden. Natürlich wird dabei der Stamm nicht einfach in einer bestimmten Höhe „gekappt", sondern nach reiflicher Überlegung, wo und wie die Baumhöhe enden soll, gestaltet.

Bei Nadelbäumen ist zu überlegen, ob nicht eventuell ein Spitzen-Jin geformt werden soll (siehe dazu „Entrindungstechniken", Seiten 72 ff.). Fällt die Entscheidung gegen einen Jin aus, oder ist der Baum ein Laubbaum, muß in neuer Höhe eine Krone aufgebaut werden.

Bei der Gestaltung eines Bonsai mit Stammbiegungen kann man auf einen geeigneten, starken Seitenast oder Vorderseitenast zurücksetzen. Der Seitenast stellt nun die Verlängerung des Stammes mit einer deutlichen Richtungsänderung

Ein Nebenast wird zur neuen Krone hochgebunden.

Der ehemalige Ast hat sich als neue Baumkrone des Dreispitzahorn (*Acer buergerianum*) etabliert. Der Stammstumpf wurde entfernt und die Wunde ist nach zwei Jahren vollständig verheilt. (Besitz: Horst Stahl)

dar. Ist die neu entstandene Stammbiegung zu abrupt, wird mit Hilfe von Draht die Biegung gemildert.

Zur Stammverlängerung aller Stilarten mit geradem Stamm schneidet man den Stamm auf einen Vorderseitenast zurück. Anschließend wird dieser Ast senkrecht gedrahtet, so daß er die neue Stammverlängerung darstellt.

Beim Hochbiegen des Astes besteht eine große Gefahr, daß er an seinem Ansatz abbricht. Um das zu verhindern, gehen wir folgendermaßen vor:

1. Auf der Rückseite wird am Stamm so viel Holz ausgehöhlt, bis der Stamm an dieser Stelle ein wenig dünner ist als der Seitenast. Hierbei ist darauf zu achten, daß sich die neu geschaffene Wunde ausreichend weit nach unten verlängert. Sobald sich der Seitenast als neue Spitze etabliert hat, verheilt die Wunde, und der Übergang zwischen Stamm und neuer Spitze geht harmonischer ineinander über.

2. Die Wunde wird mit einem Wundverschlußmittel behandelt.

3. Ein Draht ausreichender Stärke wird vom Stamm zum Seitenast hochgeführt, und zwar so, daß der Biegedruck im Bereich des ausgehöhlten Stammes erfolgen kann.

4. Vorsichtig wird der Ast als neue Spitze hochgebogen, wobei die Biegung am ausgehöhlten Stammteil erfolgt.

5. Leider ist nicht zu vermeiden, daß der Draht in den sich bildenden Wundkallus einschneidet. Sobald der Draht deutlicher einschneidet, wird der Draht entfernt, und auch dieser Bereich schließt sich mit fortschreitender Wundverheilung.

Verbesserung der Stammstruktur

Für einen guten Bonsai ist es vielfach wichtig, einen Stamm zu haben, der im unteren Bereich recht dick ist und sich dann auf einer verhältnismäßig kurzen Strecke harmonisch nach oben hin verjüngt. Um diesen Effekt zu erzielen oder auch nur zu verstärken, gibt es eine Reihe von praktikablen Maßnahmen. Alle Maßnahmen werden nur in der Hauptwachstumszeit an wirklich gesunden Bäumen durchgeführt.

a) Grundsätzlich kann man sagen, daß ein Baum unterhalb von verstärktem Endknospenwachstum auch den Stamm schnell dicker werden läßt. In den Endknospen wird das Wachstumshormon Auxin gebildet, welches auch für das Dickenwachstum verantwortlich ist.

Läßt man gleichmäßig am ganzen Baum die Endknospen austreiben und damit verstärktes Triebwachstum zu, verdickt sich der Stamm des Baumes auf ganzer Strecke gleichmäßig stark.

Soll im unteren Stammbereich beschleunigtes Dickenwachstum initiiert werden, läßt man nur die Endknospen an den

Ästen unbeschnitten austreiben, die sich oberhalb des Stammbereiches befinden, der verdickt werden soll. Der Austrieb der anderen Baumbereiche wird gleichzeitig durch frühzeitigen Rückschnitt begrenzt, und unter Umständen kann zusätzlich ab Mitte Juni ein Voll- oder Teilblattschnitt durchgeführt werden. Ist die gewünschte Verdickung erfolgt, werden die lang durchgetriebenen Triebe stark zurückgeschnitten. Eventuell ist es sogar notwendig, diese verdickten Triebe ganz zu entfernen und damit auf feinere Nebentriebe zurückzusetzen.

Sind in dem Stammbereich, der verdickt werden soll, keine geeigneten Äste vorhanden, können diese Aufgabe auch Hilfstriebe aus austreibenden schlafenden Augen übernehmen. Wie schlafende Augen geweckt werden können, haben wir auf Seite 61 schon gesehen. Da diese Hilfstriebe später wieder vollständig entfernt werden müssen, ist es besser, wenn sie auf der Rückseite des Bonsai wachsen.

b) Bei Bäumen mit längsrissiger Borke bietet sich eine weitere Methode zur Verdickung des Stammes an. Hierbei werden in den Stammbereich, der sich verdicken soll, mit einem spitzen, sehr scharfen Messer mehrere 2 bis 3 Zentimeter lange Schnitte bis ins Kambium (liegt zwischen Rinde und Holz) durchgeführt. Die Einschnitte verlaufen von oben nach unten in den jeweiligen Borkenrissen.

Das Kambium bildet, in der Absicht die Einschnitte zu schließen, Wundgewebe, welches den Stamm in dem Bereich deutlich dicker werden läßt.

c) Bilden die Risse in der Borke eher unregelmäßige Felder, kann man die Stammverdickung auch mit Hilfe von Draht erzeugen. Dazu wird ein feiner Draht in unregelmäßigen Windungen um den zu verdickenden Stammteil gewickelt. Sobald sich der Stammbereich durch geringes Dickenwachstum auf den Draht zubewegt, wird der von oben nach unten ver-

Igelwacholder (*Juniperus rigida*) mit ausgeprägtem Stamm-Shari.

laufende Baustoffstrom durch den Draht gestaut und verstärktes Dickenwachstum setzt oberhalb des Drahtes ein.

Wir lassen den Draht nur ganz leicht einwachsen und entfernen ihn dann. Anschließend wird ein neuer Draht, diesmal aber in entgegengesetzter Winderichtung, angelegt und ebenso verfahren wie beim ersten Draht. Diesen Vorgang kann man beliebig oft wiederholen. Bei geschickter Drahtführung fügen sich die Drahteinschnitte in die normale Rindenstruktur ein und sind damit für den Betrachter nicht oder kaum wahrnehmbar.

d) Die beiden vorherigen Methoden sind aus optischen Gründen bei Bonsai mit glatter Rinde nicht anwendbar. Aber auch bei diesen Bäumen können wir den unteren Stammbereich gezielt verdicken.

Beim Umtopfen binden wir knapp unterhalb der Erdoberfläche bzw. des Wurzelhalses einen Draht oder festes Band, eng anliegend, um den Stamm. In der Wachstumsperiode wird nach kurzer Zeit der von oben kommende Baustoffstrom gestaut, so daß sich der untere Stammbereich verdickt.

Hat man ein Band verwendet, welches in der feuchten Erde verrotten kann, braucht man es nicht zu entfernen. Draht oder ein Band aus schlecht verrottendem Material muß hingegen entfernt werden, sobald es deutlich in die Rinde einzuschneiden beginnt.

Gestalten ganz ohne Draht

Beim Betrachten von chinesischen Bonsai (Penjing), vor allem der Lingnan-Schule aus der Provinz Kanton, fallen die häufig recht abrupten Richtungsänderungen in der Stammführung und der Linienführung der Äste auf. Viele der aus China importierten und bei uns im Bonsai-Handel angebotenen Zimmer-Bonsai sind nach den Prinzipien dieser Schule geformt.

Das Wesen dieser Gestaltungs-Richtung beruht, auf einen einfachen Nenner gebracht, auf „stark wachsen lassen und drastisch zurückschneiden". Anders ausgedrückt, handelt es sich hierbei um eine Art langjähriger Aufbauarbeit des Bonsai. Zunächst wird die Ausgangspflanze, meist Bäume mit recht dickem Stamm, im Vorfrühling stark zurückgeschnitten.

Die anschließende weitere Gestaltungsarbeit besteht im wesentlichen aus zwei sich immer wiederholenden Arbeitsgängen:

1. Den nachfolgenden Austrieb läßt man ungehindert stark durchtreiben, bis der neue Trieb die gewünschte Dicke erreicht hat. Da die Wachstumshormone in den Triebspitzen gebildet werden, kommt es durch Zellteilung im Kambium zu einem enorm beschleunigten Dickenwachstum.

2. Jetzt werden die Triebe wieder stark beschnitten, wobei auf einen kürzeren Nebentrieb oder eine Knospe zurückgesetzt wird. Nebentrieb oder Knospe weisen in die Richtung, in die der folgende Austrieb vornehmlich gelenkt werden soll.

Der Neuaustrieb wächst nun in eine neue Richtung, so daß bei entsprechender Auswahl der Nebentriebe oder Knospen die weitere Linienführung des Astes oder Stammes mehr oder weniger abrupt geändert wird. Wieder läßt man die neuen Triebe ungehindert wachsen, bis sie eine Dicke erreicht haben, die geringfügig dünner ist, als die des vorherigen Austriebs. Ein drastischer Rückschnitt führt wieder zum Zurücksetzen auf einen ausgewählten Nebentrieb oder eine entsprechende Knospe.

Wachsen die Äste zu steil nach oben, können bei diesem Stil durch Spanndrähte die Äste herabgebogen werden. Eine eigentliche Drahtung findet aber nicht statt.

Im Laufe der Jahre wird ein Bonsai aufgebaut, dessen Stamm- und Astbiegungen weniger weich verlaufen, als wenn der jeweilige Neuaustrieb, wie vorher beschrieben, gedraht worden wäre. Die Linienführungen erinnern mit ihren stark-winkeligen Richtungsänderungen an chinesische Landschaftsmalereien mit ihren teilweise bizarr geformten Bäumen.

Insgesamt braucht man mit dieser Methode viel länger als mit den vorher beschriebenen Methoden, bis der Bonsai die beabsichtigte Form erlangt hat. Das Ergebnis geduldiger Arbeit kann sich aber meist sehen lassen. Beschleunigen kann man die Wachstumsvorgänge durch einen Boden mit guter Drainagewirkung und ausreichend stickstoffbetonten Düngergaben. Während der Aufbauphase des Bonsai verwendet man entweder ein größeres Pflanzgefäß oder läßt den Baum im Garten frei wachsen.

Antwort auf die Frage, ob es sich dabei noch um nach der Natur geformte Bäume handelt, muß mit einem klaren Ja beantwortet werden. Hierzu braucht man sich nur Bäume in der freien Natur anzu-schauen, die an Extremstandorten wie Felsklippen um ihre Existenz kämpfen. Immer wieder werden durch Stürme oder Steinschlag Stamm und Äste teilweise abgebrochen. Der nachfolgende Neuaus-trieb wächst entsprechend in neuer Richtung weiter und verleiht dem Baum so seine manchmal recht bizarre, aber natürliche Form.

Ausformung des Wurzelballens

Das Wurzelsystem erfüllt einige wichtige Aufgaben für die Lebensvorgänge des Baumes. Dicke Wurzeln verankern ihn im Boden und stützen ihn gegen die Naturgewalten. Feine Wurzeln, und hier vor allem die Wurzelspitzen, entnehmen dem Boden Wasser und Nährsalze und produzieren wichtige Wachstumshormone.

Der Schwarzkiefern-Doppelstamm (rechts) hat einen besonders schön ausgeprägten Wurzelhals.
(Bonsai-Betrieb, Takamatsu, Japan)

Gleichzeitig erhalten die Wurzeln im Gegenzug die in den Blättern produzierten Nähr- und Baustoffe. Die Nährstoffe, wie beispielsweise die verschiedenen Zucker, liefern den Wurzelzellen die Energie für ihre Stoffwechselvorgänge. Baustoffe dienen dem Bau neuer Zellwände bei den Zellteilungsvorgängen.

All diese Vorgänge können nur dann optimal ablaufen, wenn Wurzelsystem und oberirdische Pflanzenteile in einem arttypischen Gleichgewicht zueinander stehen. Als Faustregel gilt, daß Blattmasse und Wurzelmasse einander in etwa entsprechen.

Neben diesen eher biologisch begründeten Aufgaben hat ein Teil des Wurzelsystems eines Bonsai auch wichtige künstlerische Funktionen. Nur mit einem entsprechend gut ausgebildeten Wurzelhals wirkt ein Bonsai in der Darstellung eines alten, würdigen Baumes überzeugend.

Unsere erste Sorge gilt natürlich einem gesunden Wurzelsystem, die Voraussetzung für einen Bonsai, der unsere oberirdischen Gestaltungsmaßnahmen erträgt und in der gewünschten Weise umsetzen kann. Hierzu trägt in erheblichem Maße Zusammensetzung und Struktur des Bodens bei. Die Erde muß einerseits genügend Wasser und Nährsalze für die Versorgung der oberirdischen Teile bereithalten können. Andererseits brauchen die Wurzelzellen für ihren Stoffwechsel auch Sauerstoff, der ungehindert ins Erdreich eindringen kann. Der Sauerstoffbedarf des Wurzelballens ist besonders hoch, wenn er in irgendeiner Weise geschädigt ist.

Grundsätzlich gilt: je schwächer das Wurzelsystem ist, um so grobkörniger und damit durchlässiger für Wasser und Sauerstoff muß die Pflanzerde sein.

Als Bonsai-Erde erfüllt die aus Japan importierte und im Bonsai-Fachhandel erhältliche „Akadama-Erde" diese Aufgaben besonders gut.

Bei der Umstellung einer Ausgangspflanze zum Bonsai müssen wir immer auch den Wurzelballen erziehen. In den seltensten Fällen finden wir einen Wurzelballen vor, der den Forderungen eines Bonsai entspricht. Er sollte nicht nur einen guten Wurzelhals aufweisen, sondern sich bereits wenige Zentimeter unterhalb des Wurzelhalses fein und dicht verzweigen. Häufig genug finden wir gerade das Gegenteil vor, nämlich dünne, lange Wurzelbärte, die sich erst einige Zentimeter vom Stamm entfernt mehr oder weniger stark verzweigen. Und wenn dickere Wurzelansätze vorhanden sind, sind diese nur einseitig an dem Baum angeordnet.

Die ersten Ziele der Wurzel-Gestaltung lauten also: Herausarbeiten eines wohl proportionierten Stammfußes und eines dichten Wurzelballens. Da bei der Erstgestaltung der oberirdischen Baumteile sicher auch einiges an Ast- und Blattmasse entfernt wurde, können wir den Wurzelballen entsprechend stark beschneiden.

1. Alle dicken Wurzeln innerhalb des Wurzelballens werden entfernt, sofern dabei nicht zu viele feine Wurzeln mit verloren gehen. Wäre der Verlust an feinem Wurzelwerk zu groß, kürzen wir den Wurzelbereich auf jeden Fall ein.

2. Überlange, dünne Wurzeln werden auf Verzweigungen zurückgesetzt, die näher am Stamm sind.

3. Die Wurzeln, die sich für den Aufbau des Wurzelhalses eignen, werden nur mäßig beschnitten, denn je mehr feine Wurzeln sich an der dickeren Wurzel befinden, um so stärker ist ihr nachfolgendes Dickenwachstum.

4. Eventuell vorhandene feine Wurzeln, die sich zur Komplettierung des Wurzelhalses eignen, werden nach Möglichkeit nicht beschnitten.

Zusätzliche Verbesserungen des Wurzelhalses:
a) Sich überkreuzende dicke Wurzeln

werden entfernt oder vorsichtig neu angeordnet. Eventuell ist auch eine lockere Drahtung der Wurzeln erforderlich. Manchmal kann auch ein zwischengeklemmtes Steinchen oder Holzstück die Wurzeln in der neuen Lage fixieren.

b) Ist eine sehr dicke, einseitige Wurzel vorhanden, die nicht entfernt werden kann, können wir diese Wurzel der Länge nach spalten. Auch hier muß ein Steinchen oder ein Holzstück zwischengelegt werden, da ansonsten die beiden Wurzelhälften wieder miteinander verheilen.

c) Manchmal beginnen sich die dicken Wurzeln erst mehrere Zentimeter vom Stamm entfernt fein zu verzweigen. Hier erreichen wir durch unterirdisches Abmoosen eine frühe feine Verzweigung. Dazu wird in der beabsichtigten Abmoosungszone um die jeweilige Wurzel herum ein Rindenstreifen bis ins Holz hinein entfernt. Die Breite des Streifens sollte der Dicke der Wurzel entsprechen. Dünnes Bepudern mit einem Wachstumshormon und Umwickeln mit feuchtem Moos unterstützen die neue Bewurzelung. Nach dem Einpflanzen muß der Abmoosungsbereich immer ausreichend feucht gehalten werden, damit die sich bildenden feinen Wurzeln nicht absterben. Nach ein bis zwei Jahren können die Wurzeln bis zum Abmoosungsbereich abgeschnitten werden.

d) Wie zur Stamm- oder Astverdickung können längs verlaufende Einschnitte in die dicken Wurzeln ihr Dickenwachstum zusätzlich fördern.

Anschließend pflanzen wir den Roh-Bonsai in ein größeres Pflanzgefäß. Als Pflanzerde verwenden wir eine gut durchlässige, gröber körnige Erde. Einerseits darf auf keinen Fall Staunässe entstehen, andererseits brauchen die Wurzeln neben dem Wasser auch viel Sauerstoff für ein kräftiges Wachstum.

Beim Einpflanzen ordnen wir die Wurzeln für den Wurzelhals an. Alle Wurzeln des Wurzelhalses, die sich noch deutlich verdicken sollen, müssen gut mit Erde bedeckt sein. Erfahrungsgemäß ist das Dickenwachstum unter der Erde viel ausgeprägter, als wenn sie freiliegen. Erst wenn die Wurzeln die gewünschte Dicke erreicht haben, werden sie nach und nach an der Oberfläche freigelegt. Durch das Freilegen nehmen die verdickten Wurzeln etwas an Durchmesser ab, gleichzeitig setzt aber auch die Borkenbildung für einen harmonischen Übergang vom Wurzelballen zum Stamm ein.

In den ersten Entwicklungsjahren des Bonsai muß in jedem Frühjahr umgetopft und an der Verbesserung des Wurzelballens gearbeitet werden. Erst wenn der Wurzelballen eine gute Entwicklung genommen hat und den Baum in einer Schale gut versorgen kann, wird er in eine Bonsai-Schale eingepflanzt.

Übrigens setzt bei vielen Baumarten die Reifung der arttypischen Rinde mit dem Umsetzen in einen Pflanzcontainer oder in eine Bonsai-Schale verstärkt ein. Während ein Baum in der freien Natur oder im Gartenboden mehrere Jahrzehnte für seine Borkenbildung benötigt, dauert dieser Vorgang in dem kleineren Pflanzgefäß nur wenige Jahre. Offensichtlich ist dieses Phänomen auf den durch Wurzel- und Triebschnitt veränderten Hormonhaushalt des Bonsai zurückzuführen.

Während des ganzen Lebens des Bonsai ist es sinnvoll, auch an der Verfeinerung des Stammfußes bzw. des Wurzelhalses immer wieder zu arbeiten. Diese wichtige Gestaltungsarbeit im Bereich des Wurzelsystems wird leider recht schnell nur auf den bloßen Wurzelschnitt reduziert.

So ist es z. B. notwendig, gerade dicke Wurzeln im Innern des Wurzelballens kräftig zurückzuschneiden, um zu vermeiden, daß sich die verschiedenen Wurzeln des Wurzelhalses unterschiedlich stark weiterentwickeln.

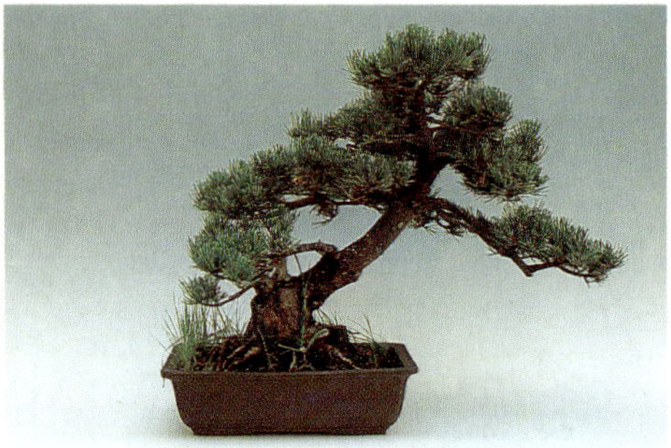
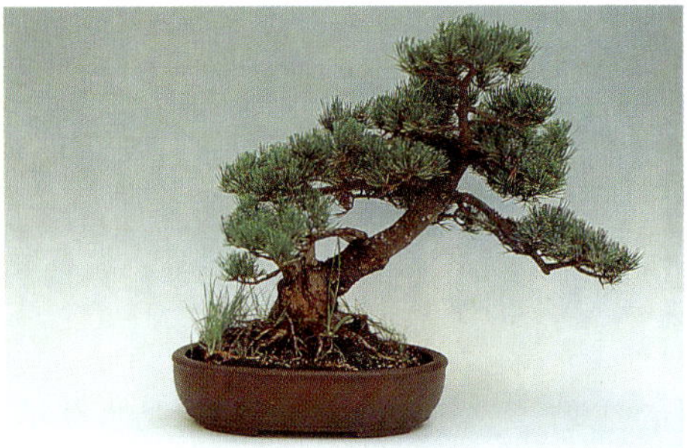
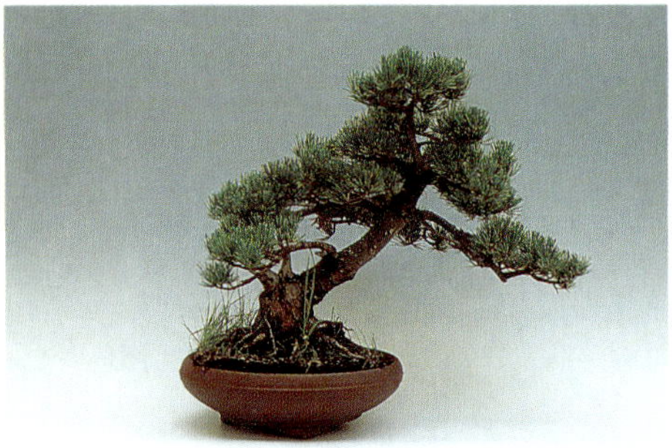
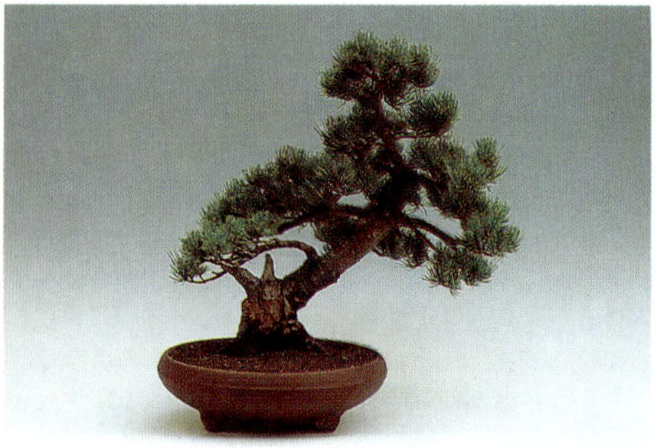
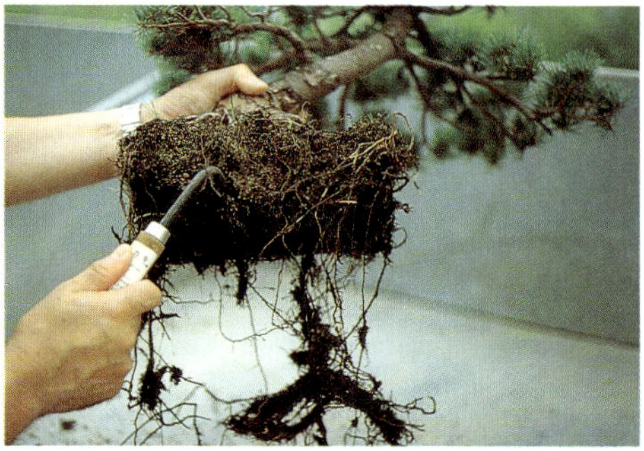
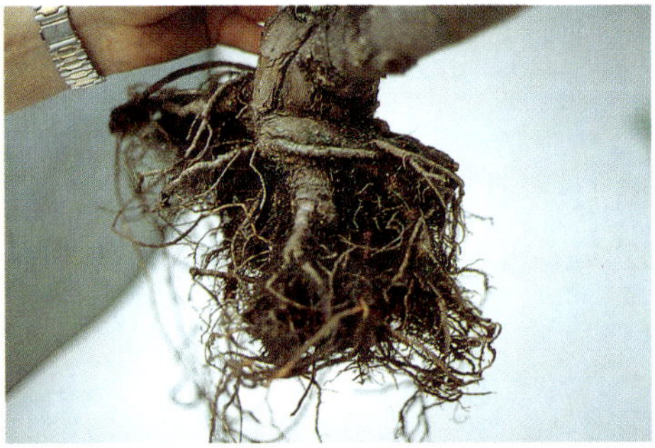
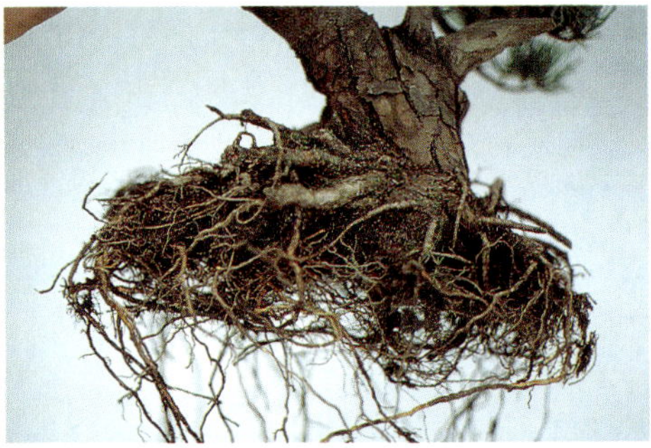
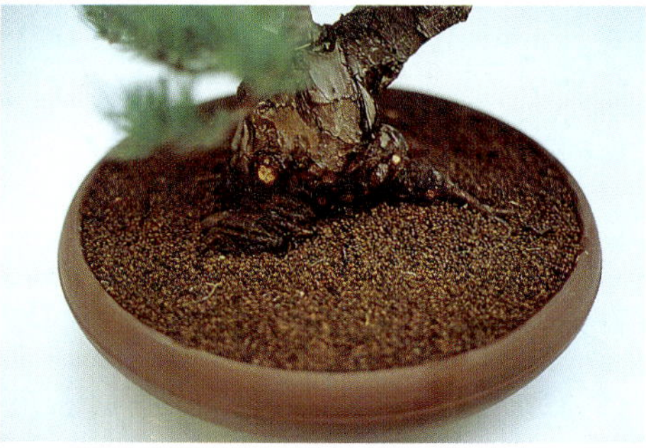

Ausformung des Wurzelballens
Ganz links oben: Querlaufende, dünne Wurzeln lassen den Wurzelhals sehr schlecht erscheinen. Zusätzlich haben sich Gräser auf der Erdoberfläche angesiedelt. Die Schale nimmt der Gestaltung viel von ihrer Aussage.
Ganz links zweites und drittes von oben: Die richtige Schale für die Mädchenkiefer wird ausgewählt.
Links erstes, zweites und drittes von oben: Der gesamte Wurzelballen wird gelockert, ein Wurzelschnitt findet statt und der Wurzelhals wird freigearbeitet.
Ganz links und links unten: Die richtige Schale und der gut ausgeformte Wurzelhals unterstreichen nun die Gesamtaussage der Gestaltung.

Auch die Erdoberfläche wird gestaltet

Zur Gesamtgestaltung eines Bonsai gehört auch eine möglichst natürlich gestaltete Erdoberfläche. Nach Möglichkeit lassen wir das Bodenprofil von den Schalenrändern zum Baum oder zur Baumgruppe leicht ansteigen. Leichte Vertiefungen und sanfte Hügel vermitteln den Eindruck eines natürlich gewachsenen Bodens.

Dieser Eindruck wird verstärkt durch ein mehr oder weniger dichtes Moospolster. In der freien Natur finden wir im Prinzip jeden freiliegenden Boden nach kurzer Zeit von einem dichten Pflanzenteppich bedeckt. Im Wald sind das vor allem Gräser und Farne, aber auch viele verschiedene Moosarten siedeln sich gerade zwischen den Wurzeln des Stammfußes an. Gräser und Farne sind wegen ihrer Größenverhältnisse für die Bonsai-Gestaltung weniger gut geeignet. Hier übernehmen die verschiedenen Moosarten, aber auch Flechten, die Aufgabe der Bodenbedeckung.

Meist haben sich auf einer feucht gehaltenen Erdoberfläche schon nach kurzer Zeit

Moose unter den Bonsai angesiedelt. Die feinen Moossporen werden vom Wind durch die Luft getragen und keimen auf dem feuchten Boden sehr schnell aus. Sobald wir das erste, noch spärliche Grün von Moosen auf der Erdoberfläche entdeckt haben, halten wir die Oberfläche ständig feucht.

Hat sich das Moos erstmal auf der ganzen Erdoberfläche ausgebreitet, verhindert es das Wegschwemmen der Bodenteilchen beim Gießen. Da die Moose große Wassermengen speichern können, vermindern sie auch die Austrocknung des Bodens, so daß Trockenschäden an unseren Bonsai weniger schnell auftreten. Zum Teil lassen die Bonsai ihre Wurzeln sogar in das Moospolster hineinwachsen, um sich hier mit Wasser zu versorgen.

Wir können die Besiedelung mit Moosen fördern. Dazu sammeln wir feine Moospolster von Steinen oder in Mauerritzen. Diese Moosarten sind für Bonsai deshalb so gut geeignet, weil sie daran gewöhnt sind, in der prallen Sonne zu wachsen und auch ein vollständiges Austrocknen vertragen. Waldmoose hingegen wachsen an schattigen Standorten und vertragen ein Austrocknen weniger gut. Solche Moosarten eignen sich also nicht als Unterpflanzung für Bonsai.

Die gesammelten Moospolster lassen wir austrocknen und zerreiben sie anschließend zwischen den Fingern. Die staubfeinen Bruchstücke der Moospolster streuen wir auf die feuchte Erdoberfläche. Schon nach kurzer Zeit wachsen auf der feucht gehaltenen Erde aus den Bruchstücken neue Moospflänzchen heran.

Sehr flache Moospolster können auch direkt auf die Erde aufgelegt werden. Mit dem Auflegen der Moospolster warten wir bei frisch umgetopftem Bonsai einige Zeit, bis sich die Erde durch das Gießen etwas gesetzt hat. Nun entfernen wir auf der Unterseite der Moospolster nach Möglichkeit alle anhaftende Erde. Da die

Moose keine richtigen Wurzeln ausbilden, sondern nur sehr kurze Rhizoide (Haftstiele), können sie sich sonst nicht fest mit dem Boden in der Bonsai-Schale verbinden. Moospolster, die sich nicht gut mit dem darunterliegenden Boden verbunden haben, wellen sich bei Trockenheit auf und geben ein unschönes Bild ab. Die Moospolster sollten hauptsächlich zwischen die freiliegenden Wurzeln des Stammfußes gesetzt werden. Die natürliche Besiedelung der restlichen Fläche erfolgt von hier ausgehend durch das Moos selbst. Eine vollständig mit aufgelegten Moospolstern abgedeckte Erdoberfläche wirkt meist recht künstlich und sollte daher nicht gemacht werden.

Unverzichtbar sind Moospolster, wenn wir einen Bonsai auf eine Pflanzplatte setzen, die keinen Schalenrand aufweist. Der nackte Erdwall um den Bonsai herum wird ansonsten beim Gießen sehr schnell abgeschwemmt. Gleiches gilt für die Grundstilart „auf dem Stein". Auch hier verhindern aufgelegte Moospolster ein Wegschwemmen der Pflanzerde.

Immer wenn Moospolster auf steil abfallende Bodenpartien aufgelegt werden, müssen sie durch Drahtkrampen fixiert werden. Dazu biegt man aus dünnem Bonsai-Draht „U"-förmige Haken, die durch das Moospolster in das Erdreich gedrückt werden.

Die Entrindungstechniken

Bäume erreichen im allgemeinen ein sehr hohes Alter. Wie jedes Lebewesen durchwandert auch ein Baum im Laufe seines Lebens verschiedene Entwicklungsstadien.

In der Jugend versucht er, in Konkurrenz mit anderen möglichst schnell zu wachsen. Auf der Suche nach lebensspendendem Wasser und Nährsalzen läßt er seine Wurzeln tief in die Erde eindringen. Um möglichst viel Wachstumsenergie zu erlangen, reckt er sich hoch in den Luftraum. Die jugendlichen Äste sind aufwärts gerichtet und seine Borke ist glatt.

In der Mitte seines Lebens ist er stark, hält den Naturgewalten gut stand und sorgt durch reichliche Nachkommenschaft für die Erhaltung seiner Art. Die Äste laden nun weit aus und biegen sich durch das Eigengewicht zunehmend nach unten. Die Borke nimmt die arttypische Färbung und Struktur der Reife an. Viele Laubbäume bekommen eine rissige Borke, während andere immer wieder die äußeren Borkenschichten abwerfen und dadurch eine scheckige Rinde bekommen. Die Borke der meisten Nadelbäume wird ebenfalls rissig, wobei die Risse mehr oder weniger unregelmäßige Felder bilden.

Im Alter strahlt der Baum zunehmend Würde und Lebenserfahrung aus. Die vielen Jahrzehnte bis Jahrhunderte haben ihre Spuren hinterlassen. Viele Stürme haben in seinem Geäst gewütet, und, wo einstmals der eine oder andere Ast gewachsen war, prägen jetzt leblose Stümpfe das Bild. Vielleicht hat auch einmal ein Blitz eingeschlagen und eine tiefe Furche in seinem Stamm hinterlassen. Wind und Regen haben die toten Baumteile gebleicht, aber noch kann er seinem Tod widerstehen. Noch treibt er in jedem Frühjahr an seinem dünner gewordenen Geäst mit frischem, jugendlichen Grün aus.

Gerade das Bild des alten Baumes vermittelt das Wesen der Zen-Philosophie besonders eindrucksvoll. Hier wird das Prinzip von Wabi und Sabi tief erfahrbar. Mit der Gestaltung eines Bonsai versucht man einen alten, lebenserfahrenen und würdevollen Baum verkleinert nachzuempfinden. Entsprechend benutzen wir die Attribute des Alters, um dieses Bild überzeugend darzustellen. Abgestor-

Auch an Mini-Bonsai kann man die Entrindungs-
techniken sehr effektvoll einsetzen.
Igelwacholder, *Juniperus rigida* (Bonsai-Zentrum
Schinznach, Schweiz)

bene, entrindete, gebleichte Baumteile
werden gestalterisch herausgearbeitet –
ein mögliches Stilmittel.

Teile eines Baumes zu entrinden, um das
darunterliegende Holz freizulegen, scha-
det dem Baum nicht. Das Holz besteht fast
ausschließlich aus bereits abgestorbenen
Zellen, die sich zum Teil durch Auflösen
der Zwischenwände zu langen, dünnen
Röhren vereinigt haben. In den äußeren
Holzjahresringen findet für einige Jahre
der Transport von Wasser und Nährsalzen

statt, wir nennen diesen Bereich Splintholz. Bei inneren älteren Holzjahresringen
sind diese Leitungsbahnen verschlossen,
und das tote Holz wird bei vielen Baumarten durch eingelagerte Gerbstoffe gegen
eine Zerstörung durch Mikroorganismen
geschützt.

Jin, Shari und Saba-miki

Will man die Entrindungstechniken in die
Bonsai-Gestaltung mit einbeziehen, sollte
der Baum einige grundsätzliche Voraussetzungen erfüllen:

1. Der Baum sollte ein gewisses natürli-
ches Alter erreicht haben. Die Borke zeigt
bereits ein für die Baumart typisches
Altersaussehen.

monisch in das Gesamtbild einfügen. Jeder abgestorbene Baumteil verändert die Aussage der Gestaltung nachhaltig und darf daher nicht zum Selbstzweck werden. Wird dieses Stilmittel ohne wichtige Gestaltungsgründe angewendet, wirkt es eher störend.

Werkzeuge für Entrindungstechniken

Für die fachgerechte Bearbeitung von entrindeten Bereichen braucht man das richtige Werkzeug. Das wichtigste Werkzeug ist ein sehr scharfes Messer mit einer spitz zulaufenden Klinge. Im Bonsai-Fachhandel wird zusätzlich ein in Japan entwickeltes spezielles Jin-Werkzeugset angeboten. Die unterschiedlichen Werkzeuge des Sets sind für die verschiedenen Arbeitsgänge bei der Bearbeitung des Holzes sehr sinnvoll. Da die Werkzeuge recht teuer sind und Sie die Techniken vielleicht nur selten anwenden wollen, ist Holzschnitzerwerkzeug aus dem Hobbymarkt oder dem Bastelgeschäft eine preiswertere Alternative.

Von links nach rechts: spezielles Jin-Werkzeug, Jin-Bleichmittel (beim Auftragen vorsichtshalber Handschuhe tragen), Wundknetmasse (alle Hilfsmittel sind aus Japan importiert)

2. Es sollten genügend Holzjahresringe vorhanden sein, damit sich bereits Kernholz gebildet haben kann. Die Kernholzbildung setzt bei den meisten Baumarten nach 10 bis 20 Jahren ein.
3. Weichholzarten, wie Weiden, Pappeln oder Birken, bilden kein Kernholz. Bei diesen Baumarten werden die Entrindungstechniken nicht angewendet.
4. Alte Nadelbäume zeigen auch in der freien Natur viel häufiger tote, gebleichte Baumbereiche als Laubbäume. Das liegt nicht zuletzt an der viel höheren Lebenserwartung von Nadelbäumen. Laubbäume erreichen je nach Art ein Maximalalter von 150 bis 1500 Jahren. Nadelbäume hingegen werden je nach Art zwischen 500 und 6000 Jahre alt. Hinzu kommt, daß totes Holz von Nadelbäumen weniger schnell verrottet als totes Holz der meisten Laubbaumarten. So werden diese Stilmittel auch in der Bonsai-Gestaltung bei Laubbäumen seltener angewendet als bei Nadelbäumen.
5. Entrindete Baumteile müssen sich har-

Eine wertvolle Hilfe bei der Bearbeitung größerer Entrindungsbereiche stellt eine Minikraft-Bohrmaschine mit verschiedenen Bohrköpfen zur Holzbearbeitung dar. Größere Geräte, auch „power-tools" genannt, wie Motorsägen, halte ich persönlich für übertrieben und dem Bonsai-Gedanken für zuwiderlaufend.

Jin – Zeichen der Götter

Werden die Spitze, Äste oder Zweige eines Baumes entrindet, so bezeichnet man diesen Baumteil als Jin, was soviel wie „Zeichen der Götter" bedeutet. Nach dem altjapanischen Shinto-Glauben wohnen in alten Bäumen die Götter, in denen sie auch ihre Zeichen hinterlassen. Sicherlich ist die Jin-Technik die am einfachsten durchzuführende Entrindungstechnik, nichtsdestoweniger ist es recht

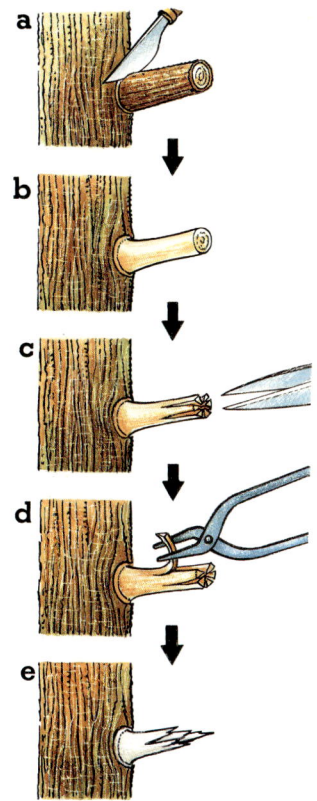

a. Muß an einem Bonsai ein Ast entfernt werden, ist es manchmal sinnvoll, einen Stumpf mit Jin zu bearbeiten. Nachdem der Ast auf die gewünschte Länge eingekürzt ist, wird mit einem scharfen Messer die Rinde nah am Stamm durchtrennt.
b. Die Rinde schält man ganz ab.
c. Mit einer scharfen Schere werden sternförmige Einschnitte an der Spitze gemacht.
d. Mit der flachen Drahtzange greift man die Holzteile und zieht sie mit drehenden Bewegungen in Richtung auf den Stamm ab.
e. Das Ergebnis ist ein natürlich wirkender Astbruch, der mit einem Jin-Mittel konserviert wird.

schwierig, einen Jin so zu gestalten, daß er natürlich wirkt.

Damit das Abziehen der Rinde nicht weiter als beabsichtigt geht, schneidet man rund um den geplanten Übergang zwischen dem Jin und dem lebenden Baumteil mit einem scharfen Messer die Rinde ein. Mit einer flachen Drahtzange wird die Rinde anschließend angequetscht. Das saftige Kambium löst sich so leichter vom Holz ab und kann mit der Rinde abgezogen werden. Die Schnittwunde zur nicht entfernten Rinde sollte mit einem Wundverschlußmittel abgedeckt werden, da ansonsten die Gefahr besteht, daß ein weiterer Teil der Rinde austrocknet und abstirbt. Schon nach kurzer Zeit wird Wundgewebe gebildet, welches einen natürlichen Abschluß des Jin bildet.

Nach meiner Erfahrung eignet sich als Wundverschlußmittel eine aus Japan importierte Wundknetmasse am besten. Die Knetmasse läßt sich sehr gut verarbeiten und vor allem nach der Wundheilung völlig rückstandsfrei entfernen. Zudem beschleunigt dieses Wundverschlußmittel den Heilungsprozeß deutlich.

Das Abschälen der Rinde geht am leichtesten in der Zeit von Mitte Frühjahr bis zum Hochsommer, da in dieser Zeit das Kambium stark saftführend ist. Im Winter oder bei einem bereits abgestorbenen Ast die Rinde abzuziehen ist schwieriger. Hier kann man die Borke des Astes für einige Zeit mit einem Lappen umwickeln, der mit heißem Wasser getränkt wurde. Anschließend kann man die aufgeweichte Rinde mit einem scharfen Messer leichter abschälen.

Hat man einen noch lebenden Ast entrindet und soll seine Linienführung geändert werden, kann man das noch feuchte Holz drahten. Während des anschließenden Trocknungsprozesses stabilisiert sich der Jin in der neuen Lage. Ist der Trocknungsprozeß abgeschlossen, wird der Draht entfernt.

Erst nachdem der Jin vollkommen trocken geworden ist, wird das Holz weiter bearbeitet. Je nach Dicke des Jin dauert der Trocknungsprozeß drei bis sechs Wochen. Natürlich achtet man während dieser Zeit darauf, daß der trocknende Jin nicht durch Regen oder Gießwasser immer wieder feucht wird.

Mit speziellem Jin-Werkzeug oder Holzschnitzerwerkzeug, Sandpapier oder einer Glasscherbe wird der Jin nun so bearbeitet, daß er sich so natürlich wie möglich in das Gesamtbild der Gestaltung integriert. Vielfach ist es ratsam, auf die natürliche Maserung des Holzes zu achten und diese etwas herauszuarbeiten.

Zwei bis drei Monate später trägt man auf das bearbeitete Holz ein spezielles Jin-Mittel auf. Es handelt sich hierbei um eine wäßrige Mischung aus Kalk und Schwefelblüte und ist im Bonsai-Fachhandel erhältlich. Beim Auftragen des Jin-Mittels sollte man peinlich darauf achten, daß es nicht auf die lebenden Baumteile oder aufs Erdreich tropft. Hier kann die übel riechende Brühe zu Verbrennung führen.

Das Jin-Mittel hat eine doppelte Funktion. Zum einen schützt es das tote Holz gegen Verrottung, zum andern bleicht es das Holz zu einer silbrig-weißen Färbung. Wenn Ihnen die Färbung zu hell erscheint, können Sie dem Jin-Mittel auch etwas schwarze Tusche oder schwarze Wasserfarbe zusetzen. Je nach Zusatzmenge erreichen Sie eine mehr oder weniger graue Färbung des Jin.

In den ersten Jahren trägt man das Jin-Mittel zweimal pro Jahr auf. In den darauffolgenden Jahren wird das Mittel nur einmal pro Jahr aufgetragen, und zwar zu Beginn des Sommers, weil zu dieser Jahreszeit die Gefahr eines Befalls von holzzerstörenden Pilzen am größten ist.

Ast-Jin

Immer wenn an einem Nadelbaum ein dickerer Ast entfernt werden muß, ist zu überlegen, ob der gesamte Ast oder ein mehr oder weniger kleiner Teil des Astes als Jin erhalten bleiben sollte.

Wird ein ganzer Ast zum Jin, sieht es natürlicher aus, wenn zumindest ein Teil seiner Zweige auch als Jin erhalten bleibt. Soll nur ein Teil des Astes als Jin geformt werden, gibt es zwei Möglichkeiten der Gestaltung:

1. Man kürzt den Ast zunächst ein, läßt aber etwas mehr Holz stehen, als später zum Jin geformt wird. Das Abziehen der Rinde erfolgt wie vorher beschrieben. Nun schneidet man mit einer Schere sternförmig in den Stumpf ein und zieht mit der Drahtzange Zungen des Holzes ab. Man erhält das Bild eines abgebrochenen Astes (siehe Zeichnung S. 75).

2. Es wird nach dem Entrinden von unten bis etwa zur Hälfte seines Durchmessers in den Ast eingeschnitten. Nun ergreift man den Ast und reißt ihn mit einem kräftigen Ruck nach oben und gleichzeitig zum Stamm hin vollends ab. Auch wieder dasselbe Ergebnis, ein abgebrochener Ast.

Spitzen-Jin

Manchmal soll ein sehr hoher (3 bis 5 Meter) Baum auf Bonsai-Größe eingekürzt werden. Schneidet man den Baum einfach auf die gewünschte Höhe zurück, erhält man eine sehr unnatürliche Schnittstelle mit großem Durchmesser. In vielen Fällen wirkt es viel natürlicher, wenn wir die Spitze als Jin gestalten. Nun bekommt man das Bild eines Baumes, dem beispielsweise ein Sturm seine Krone abgebrochen hat.

Bei der Gestaltung gehen wir im Prinzip so vor, wie beim Ast-Jin beschrieben. Nur sollte darauf geachtet werden, daß auch der Übergang von Jin zum lebenden Baumteil sehr natürlich aussieht. Dazu sollte der Übergang auf keinen Fall glatt abgeschnitten aussehen. Eine natürlichere Wirkung erzielt man, wenn zumin-

John Yoshio Naka (USA) hat für die Gestaltung dieses Waldes (*Juniperus chinensis* 'Foemina') hohe Bäume stark eingekürzt. Um natürliche Baumspitzen auszuformen, hat er die Spitzen-Jin-Technik angewendet.
(Besitz: Bonsai-Museum, Heidelberg)

dest auf der Vorderseite des Bonsai noch eine Rindenzunge am Stamm zusätzlich nach unten spitz zulaufend abgezogen wird.
Meist wird unterhalb des Spitzen-Jin eine

neue Krone aus den verbliebenen Ästen und Zweigen aufgebaut. Manchmal erfordert es auch die Gesamtgestaltung, daß die neue Krone den Jin überragt. Auf keinen Fall darf die neue Krone später in gleicher Höhe sein wie der Jin.

Shari – Buddhas Knochen

Das Wort Shari kommt aus dem altindischen Sanskrit und bedeutet soviel wie „Buddhas Knochen". Buddha hatte viele

a. Die Entrindungstechnik Shari wird angewendet, um einem ansonsten langweilig wirkenden Wacholder-Bonsai mehr künstlerische Aussage zu geben.

b. An der Rindenstruktur kann man den Verlauf der Saftstrombahnen ermitteln. Man verfolgt den Verlauf sehr aufmerksam, um sicherzustellen, daß die lebenden Äste weiterhin versorgt werden. Nach der Diagnose kann man ganze Rindenpartien entfernen und mit Jin-Mittel konservieren.

c. Das Abschälen muß bis ins Kernholz (1) erfolgen. Von außen nach innen werden Borke (5), Siebteil (4), Kambium (3) und Splintholz (2) entfernt. Hauptsächlich das Kernholz wird durch die Konservierung mit dem Jin-Mittel auf Dauer erhalten.

Jahre unter einem alten Boddhi-Baum mit dem Wunsch nach Erleuchtung meditiert und war dabei bis auf die Knochen abgemagert. In Hochachtung vor diesem Geburtsort des Buddhismus werden alte Bäume von den Buddhisten hoch geachtet.

In der Bonsai-Gestaltung sind mit Shari vertikal teilentrindete Stämme und teilentrindete Äste gemeint.

Stamm-Shari

In alte mächtige Bäume schlägt manchmal ein Blitz ein und sprengt dabei einen mehr oder weniger breiten Rindenstreifen von der Einschlagstelle bis zum Boden ab. Der Baum überlebt zwar den Angriff dieser Naturgewalt, kann aber die Wunde nicht mehr vollständig verheilen. Wind und Wetter formen und bleichen das ungeschützte Holz und geben dem Baum das Aussehen eines sturmerprobten Veteranen.

Auch hier werden zunächst die Ränder des Shari-Bereiches festgelegt und durch einen Einschnitt mit einem scharfen Messer gesichert. Anschließend zieht man die

Chinesischer Wacholder (*Juniperus chinensis*) mit ausgeprägtem Stamm-Shari.

Rinde bis aufs Holz im Shari-Bereich ab. Der Übergang zur noch lebenden Rinde wird wieder mit einem Wundverschlußmittel gegen unkontrolliertes Austrocknen geschützt.

Häufig sieht ein Shari besonders natürlich aus, wenn es mit einem Jin beginnt. Der Anfang kann sowohl ein Spitzen-Jin als auch ein Ast-Jin sein.

Endet das Shari oberhalb des Wurzelhalses, sollte der Abschluß auf keinen Fall glatt sein. Hier erzielt man nur eine natürlich aussehende Wirkung, wenn das Shari zum Ende spitz zuläuft.

Geht das Shari bis zum Boden durch, muß der Bereich später immer gut beobachtet werden. Durch die Bodenfeuchtigkeit kommt es hier sehr leicht zu einem Pilzbefall des entrindeten Holzes und damit zu einer Verrottung des Holzes. Häufigeres, sehr penibles Auftragen des Jin-Mittels ist in diesem Fall unerläßlich.

Neben dem normalen Ausarbeiten eines Shari gibt es noch eine interessante Sonderform, ein Shari, welches sich spiralig um den Stamm windet. Hier beginnt man mit dem Anlegen von Draht um den Stamm. Die Drahtführung sollte ungleichmäßig und mit mehreren parallelen Strängen erfolgen. Anders als bei der Formkorrektur mit Hilfe des Drahtes ist bei dieser Methode eine Überwallung des Drahtes erwünscht. Durch den Druck des angelegten Drahtes wird der Baum gezwungen, seine saftführenden Bahnen umzulenken. Und zwar in einer Spirallinie vorgegeben durch den Draht.

Sobald die Überwallung deutlich sichtbar ist (etwa nach einem Jahr), wird der Draht vorsichtig entfernt, ohne dabei den Kallus an der Oberkante des Drahtes zu verletzen. Nun wird vorsichtig die Rinde entfernt, wo vorher der Draht gesessen hat, also parallel dem Überwallungswulst folgend.

Das Ergebnis ist ein Shari, das spiralig um den Stamm verläuft.

Ast-Shari

Ein Ast-Shari wird eigentlich immer nur dann angelegt, wenn in einem Bereich ein dickerer Ast wächst, als es erwünscht ist. Aus gestalterischen Gründen kann solch ein Ast nicht in jedem Fall entfernt werden. Häufig muß er stark eingekürzt werden, wodurch er sich in seinem Verlauf auch nicht harmonisch zur Spitze hin verjüngt. Der Ausweg aus diesem Dilemma heißt, den Ast optisch durch einen Shari zu verkleinern und zu verjüngen.

Das Abschälen der Rinde erfolgt immer auf der Unterseite des Astes, während die Oberseite des Astes weiterhin lebt. Meist zieht man aus optischen Gründen den Shari vom Ast ausgehend noch ein Stück am Stamm hinab und läßt ihn dann V-förmig auslaufen.

Ist das entrindete Holz getrocknet, wird die Holzmasse so reduziert, daß der Ast sich zur neuen Spitze hin verjüngt.

Sabamiki – der ausgehöhlte Stamm

Eigentlich heißen Saba Makrele und Miki Baumstamm. Diese Wortkombination wurde von den Japanern gewählt, weil das Stilelement an einem Baum an gebleichte Fischgräten erinnert.

Sabamiki wird angewendet, wenn im unteren Bereich der Vorderseite des Bonsai ein sehr dicker Ast entfernt werden muß. Einerseits dauert die Verheilung einer so großen Wunde mehrere Jahre. Andererseits wird man auch das geschlossene Wundgewebe noch viele Jahre als solches erkennen können.

Mit Sabamiki macht man quasi aus der Not eine Tugend, indem man die durch die Entfernung des Astes entstandene Wunde sogar noch erweitert. Für ein natürlicheres Aussehen und um eine Wundverheilung zu verhindern, höhlt man zusätzlich den Stamm noch ein Stück mehr aus.

Wichtig ist, daß sich in der Aushöhlung

Bei der Zelkove (*Zelkova serrata*) mußte auf der linken Seite ein dicker Ast entfernt werden. In der Sabamiki-Technik wurde der Stamm an dieser Stelle ausgehöhlt.

später kein Wasser ansammeln kann, welches zu einer inneren Verrottung des Stammes führen würde. Der ausgehöhlte Bereich sollte nach unten hin so geformt sein, daß eventuell eingedrungenes Wasser ungehindert abfließen kann.

Die Schale, mehr als nur ein Gefäß für den Baum

Der japanische Begriff „Bonsai" setzt sich aus den Wörtern „Bon" für Schale und „Sai" für Pflanze zusammen. Bonsai-Gestaltung ist demzufolge nicht nur die Formgebung bei einem Baum, sondern auch die Auswahl der passenden Schale. Erst aus der gelungenen Synthese des miniaturisierten Baumes mit der Schale entsteht ein Bonsai.

Ich vergleiche das Zusammenwirken von Baum und Schale immer gern mit dem eines Gemäldes mit seinem Rahmen. Setzen wir beispielsweise ein Gemälde von Rubens in einen modernen Rahmen, verliert das Gemälde viel von seiner Wirkung. Der richtige Rahmen ist mehr als nur eine Halterung für das Gemälde, er soll die Aussage des Gemäldes unterstreichen, nicht aber über es dominieren. Ähnlich ist es mit der Auswahl der passenden Schale für einen kleinen Baum, eine Gruppen- oder eine Landschaftspflanzung. Nur die stilistisch genau passende Schale unterstreicht die Aussage der Pflanzung, wobei sich die Schale in ihrer Wirkung der Pflanzung unterzuordnen hat.

Neben ihrer Funktion als Gestaltungselement muß die Schale natürlich noch einige andere Funktionen erfüllen:

1. Sie muß genügend Erde für die ausreichende Versorgung des Baumes mit Wasser und Nährsalzen aufnehmen können.

2. Im Schalenboden müssen hinreichend große und viele Löcher vorhanden sein, damit überschüssiges Gießwasser abfließen kann.

3. Sie dient als Gegengewicht, damit der Baum auch bei stärkeren Windböen nicht umgeworfen wird.

Erst wenn der Baum auf der richtigen Seite der Schale steht, wirkt die Gesamtgestaltung stabil.

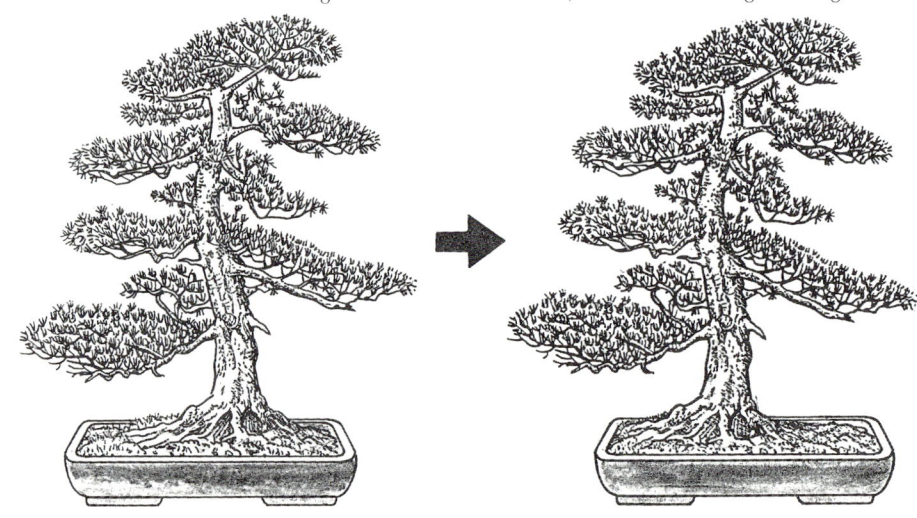

Die Wahl der richtigen Schale

Mit der hauchdünnen, schwarzen Glasur wurde der Effekt einer Ascheanflugglasur nachempfunden. (Breite 39 cm, Tiefe 27,5 cm, Höhe 7 cm, handgearbeitet von Horst Stahl).

Bei der Auswahl der passenden Schale gehen wir immer von der gestalteten Pflanze aus. Unsinnig wäre es, für irgendeine Schale einen Bonsai zu gestalten. Ein solches Unterfangen geht in der Regel schief.

Die Schalenform und Schalengröße, aber auch die Farbe der Schale und die darauf befindlichen Muster, richten sich immer nach der Pflanze bzw. nach der Aussage, die wir der Gestaltung geben wollen.

In den meisten Fällen hat die richtige Schale eine Länge von etwa 2/3 der Baumhöhe, bei Waldpflanzungen von etwa 2/3 der Hauptbaumhöhe. Bei einem gedrungenen Baum mit weit ausladenden Ästen wählen wir eine Schale, die etwa 2/3 der Gesamtbreite der Baumsilhouette entspricht. Eine Ausnahme bildet die Literatenform. Hier wird eine sehr kleine, flache, meist runde Schale ausgewählt (siehe dazu auch Seiten 103 ff.).

Soll die Aussage eines Einzelbaumes oder einer Gruppenpflanzung eine weite Landschaft sein, wählt man eine entsprechend großflächigere Schale aus.

Die Breite der Schale ist bei ovalen und rechteckigen Schalen meist genormt und spielt damit bei der Auswahl der Schale häufig eine untergeordnete Rolle.

Die Höhe des Schalenrandes richtet sich nach der Dicke des Stammes des Einzelbaumes oder des Hauptbaumes in einer Gruppenpflanzung. Meist wird man auf eine Schale zurückgreifen, deren Schalenwandhöhe etwa dem Stammdurchmesser des Baumes oder Hauptbaumes an der dicksten Stelle entspricht. Lediglich bei sehr dünnen Bäumen oder bei Bäumen, die noch einen dickeren Stamm entwickeln sollen, wählt man eine etwas tiefere Schale.

Da die meisten Nadelbäume eine rustikale männliche Aussage haben, harmonieren hier nur erdfarbene, unglasierte

Schalen. Die Tonfarben gehen von Grauschwarz über Grau bis hin zu verschiedenen Brauntönen oder gar zu Terrakottafarben. Bei handgetöpferten Schalen darf aber auch ein Hauch einer Asche-Anflugglasur (siehe dazu Bild Seite 83) vorhanden sein.

Laubbäume sind meist leichter und beschwingt mit einer mehr weiblichen Aussage, wozu auch glasierte Schalen mit dezenten Pastellfarben harmonieren. Unerwünscht sind alle stark leuchtenden Glasurfarben oder gar unruhige, sogenannte Effektglasuren.

Bei der Auswahl der Glasurfarbe sollte man sich immer vor Augen führen, daß die Wirkung der Schale der Aussage des Baumes untergeordnet ist. Hilfreich ist es, sich an den Farben des Baumes zu orientieren. Das können die Farben der Blüten, der Früchte, der Laubfärbung in den Jahreszeiten oder die der Borke sein. Nach allgemeinem Harmonieverständnis wählt man bei der Glasur eine Komplementärfarbe zu einer der Baumfarben aus. Komplementärfarben sind nach der Farbenlehre die Farben, die sich im Farbkreis gegenüberliegen. Beispielsweise ist Gelb die Komplementärfarbe zu Violett.

Mächtige Laubbäume mit dickem Stamm,

Farbige Schalenglasuren harmonieren mit Laubbäumen. (Beide Schalen handgetöpfert von Horst Stahl, Breite 26,5 cm, Tiefe 21,5 cm, Höhe 8 cm.)

wie die Eichen, wirken hingegen besser in unglasierten, erdfarbenen Schalen.

Neben der grundsätzlichen Form – rund,

Im Farbkreis befindet sich zwischen zwei Farben deren Mischfarbe. Sich gegenüberliegende Farben sind Komplementärfarben.

oval, quadratisch, rechteckig, sechs- oder achteckig – beeinflussen die Art des Schalenrandes, die Form der Schalenfüße und eventuelle Bemalungen der Schalenflächen die Gesamtaussage des Bonsai.

So wird ein großer schwerer Baum in eine Schale mit nach außen gebogenem Schalenrand, gerader Linienführung und massiven Schalenfüßen gepflanzt. Ein langsam wachsender Baum wirkt hingegen in einer Schale mit eingebogenem Schalenrand, runderen Formen und auf leichten, vielleicht wolkenförmigen Schalenfüßen. Mit ornamentalen Verzierungen oder mit farbigen Bildern bemalte Schalen werden in erster Linie mit Komplementärpflanzen, wie Kräutern oder Gräsern, bepflanzt. In Einzelfällen können unglasierte Schalen mit Zeichnungen, die an Tuschezeichnungen erinnern oder mit Schriftzeichen versehen sind, auch mit einem Bonsai bepflanzt werden. Zeichnungen wie Schriftzeichen sollten sich dabei aber auf die Grundaussage des Baumes beziehen. Zur Sicherheit sollten Sie den Baum beim Kauf einer Schale mitnehmen. Man kann dann mehrere in Frage kommende Schalen vor den Baum halten und die Gesamtwirkung von Baum und Schale besser beurteilen. Wenn Ihnen selbst die Entscheidung schwer fallen sollte, wird Ihnen Ihr Bonsai-Händler oder der Schalen-Künstler bei der Auswahl der Schale mit Rat und Tat zur Seite stehen.

Schalen können eine aktive oder eine passive Aussage haben. Dabei kann eine Schale von ihrer Form her eher passiv sein, während Farbe oder aufgebrachte Verzierungen sie aktiv werden läßt. Grundsätzlich kann man sagen, je deutlicher Rand oder Füße auffallen, je verzierter die Schalenwände und je auffälliger die Farben der Glasur sind, um so dominanter, aktiver ist die Schale. Eher passive Schalen haben zurückhaltende Schalenränder, sind erdfarben und haben unauffällige Füße, die sich häufig ohne Absatz an die Schalenwände anschließen.

Die folgenden Richtlinien können helfen, die Schaleneigenschaften in Beziehung zur Aussage des Baumes zu setzen. Es müssen nicht alle Eigenschaften erfüllt sein. Sie sind teilweise auch nicht gemeinsam an einer Schale vertreten:

A) Dominante Bäume: haben einen kräftigen Stamm, dicke Äste mit ausgeprägten Winkeln zum Stamm, eine rauhe Borke und einen ausgeprägten Stammfuß.

Schaleneigenschaften	gerader Stamm	gewundener Stamm
Form	rechteckig, quadratisch	rechteckig, quadratisch, rund, oval, sechseckig, achteckig
Wand	geradlinig, schwach gewinkelt	nach außen gewölbt, nach innen gewölbt, gerade mit leichter Biegung am Rand
oberer Rand	breite, auffallende Lippe, einwärts gebogener Rand	schmale Lippe, einwärts gebogener Rand
Füße	sichtbar in Wolkenform, sichtbar geradlinig	sichtbar in Wolkenform, sichtbar verziert

B) Zurückhaltende Bäume: haben einen weniger dicken Stamm, dünnere Äste, eine glatte Rinde und einen weniger stark ausgeprägten Stammfuß.

Schaleneigenschaften	gerader Stamm	gewundener Stamm
Form	oval, rund, langgezogen rechteckig	oval, rund, langgezogen rechteckig
Wand	zum Rand hin leicht nach außen gebogen	einwärts gebogen
oberer Rand	gerade, leicht ein- oder auswärts gezogen	gerade, leicht ein- oder auswärts gezogen
Füße	unauffällig und flach, schließen sich ohne Absatz an die Wände an	unauffällig und flach, leicht auswärts gebogen mit zurückhaltender Verzierung, flach und halbmondförmig

Historische Schalen

Schon vor mehr als 10 000 Jahren begannen Menschen, aus Ton Gegenstände für den täglichen Gebrauch zu formen und anschließend zu brennen. Zunächst waren die Gefäße nur grob und dem jeweiligen praktischen Verwendungszweck angepaßt. Doch bald begannen die Menschen, auch Gegenstände aus Ton zu formen und im Feuer zu brennen, die sie hauptsächlich wegen ihrer Schönheit schätzten.

Die Chinesen waren eines der ersten Kulturvölker, die sich sehr intensiv um die Verfeinerung der Keramiken bemühten. Zunächst bestanden die Keramikgegenstände aus Steinzeug, doch bereits im 7. Jahrhundert stellten die Chinesen zum ersten Mal reines Porzellan her.

Unter Steinzeug faßt man alle Keramiken zusammen, die aus farbig brennenden Tonen geformt werden. Töpfertone bestehen aus Verwitterungsresten (Quarz, Glimmer), Verwitterungsneubildungen (den sogenannten Tonmineralien Kaolinit und Montmorillonit) und Beimengungen von Feldspat und Kalk. Bei Temperaturen zwischen 1200 und 1300 °C wird der Ton weißglühend und kristallisiert beim langsamen Abkühlen aus – man sagt, der Ton sintert. Die einzelnen Bestandteile sind nun steinhart und vor allem wasserdicht miteinander verbunden.

Porzellan hingegen besteht aus einem feinen Gemenge von Kaolin, Quarz und Feldspat. Das sogenannte chinesische (und japanische) Weich-Porzellan ist arm an Kaolin, aber reich an Quarz und Feldspat und entwickelt seine ganze Schönheit bei einem Brand bei 1200 bis 1300 °C. Die frühen chinesischen Porzellane hatten mit Vorliebe eine hellgrüne Glasur. In der Ming-Dynastie (1368 bis 1444) erlangte die Blau-Weiß-Glasur eine beherrschende Stellung in der chinesischen Keramik. Bis in diese Zeit wurden die Porzellangegenstände noch nicht als Pflanzgefäße benutzt.

Erst zu Beginn der Ching-Dynastie (1445 bis 1912) entwickelte sich die Überglasurmalerei mit drei oder fünf Farben und die

Die über 100 Jahre alte Schale aus Yxing (China) ist mit einer schwarzen Engobemalerei verziert. (Breite 36 cm, Tiefe 23 cm, Höhe 14 cm, Besitz: Paul Lesniewicz)

Unterglasurmalerei in Blau. Unter dem Kaiser Kanghi (1662 bis 1722) war dann der Höhepunkt des chinesischen Porzellans erreicht mit seinen farbigen Glasuren, die mit feinsten Unterglasur- und Aufglasurmalereien verziert wurden. In diese Zeit gehören dann einige der schönsten Schalen, die auch als Pflanzgefäße Verwendung fanden.

Für Penjing, die chinesische Version von Bonsai, wurden aber weiterhin hauptsächlich unglasierte oder nur mit dezenten Farben glasierte Steinzeugschalen verwendet. Blumen, Gräser und andere Pflanzen, die man bei Bonsai-Ausstellungen als Komplementärpflanzen verwendet, wurden hingegen vornehmlich in Porzellanschalen präsentiert.

Gegen Ende der Kamakura-Periode (1185 bis 1334) tauchten in Japan die ersten glasierten Keramiken auf. In dieser Zeit hatten die Japaner schon lange Handel mit China und Korea getrieben, und so kamen die dort hergestellten Keramiken nach Japan. Zen-Mönche, die nach China reisten, brachten unter anderem die Techniken des Glasurbrandes und der dafür nötigen Brenntechniken nach Japan.

Bis in diese Zeit kannten die Japaner lediglich unglasierte Keramiken bzw. zufällig beim Brennvorgang aufgetretene Asche-Anflugglasuren. Die Brennöfen waren in den Abhang eines Berges gegrabene Kammern von 30 bis 40 Metern Länge. Um die hohen Temperaturen zu erreichen, die für die Sinterung des Tons notwendig sind, muß mit großen Mengen Holz und Reisstroh gefeuert werden. Bei der Größe der Brennöfen kann es bis zu 60 Tage dauern, ehe auch die letzte Brennkammer die erforderliche Temperatur erreicht hat. Jedesmal, wenn das Feuer neu geschürt werden muß, werden Aschefunken aufgewirbelt, die sich als feiner Belag auf den Tonwaren niederlegen. Bei etwa 1240°C schmelzen die darin enthaltenen Salze und bilden eine Art von Glasur. Während des langsamen Abkühlungsvorgangs, der

Vor 300 Jahren wurde in Fushan (China) diese Schale gefertigt. (Durchmesser 30 cm, Höhe 20 cm, Besitz: Paul Lesniewicz)

auch wieder bis zu 60 Tage dauert, verbindet sich die Glasur mit dem nun steinhart gebrannten Ton. In kleineren Öfen dauern der Brennvorgang und die Abkühlung natürlich entsprechend kürzer.

Asche-Anflugglasuren unterscheiden sich von den bewußt aufgetragenen Glasuren durch ihren mehr oder weniger zufälligen Charakter. So entstehen beim Feuerwechsel Schattenflecken (Jap.: yohen) in rotvioletter bis dunkelgrauer Färbung. Auch können Feuerspuren (Jap.: hidasuki) leicht rauhe, dunkel verkrustete Flächen hinterlassen, die der Keramik einen besonderen Charakter verleihen.

Aber auch eine ganze Reihe verschiedener Glasuren und Auftragetechniken für die Glasuren wurden entwickelt. Allen traditionell in Japan verwendeten Glasuren sind die zurückhaltenden Farben gemeinsam. Irdene, dunkle Farben lassen die Keramik ihre Schönheit entfalten.

Je nach Luftzufuhr im Ofen verändern Ton und Glasur ihre Farben. Wird viel Luft zugeführt, spricht man von einem Oxidationsbrand, weil der Sauerstoff der Luft mit dem Ton und der Glasur reagiert. Bei einem Reduktionsbrand kommt nur wenig Sauerstoff in den Ofen, und den Bestandteilen von Ton und Glasur wird chemisch gebundener Sauerstoff entzogen. So färben sich Eisenverbindungen in der Glasur im Oxidationsbrand gelb bis braun, während sie im Reduktionsbrand grün werden.

In den Keramikzentren von Seto, Tokoname, Shigaraki, Tamba, Echizen und Bizen wendet man noch heute diese alten Techniken an. Diese sechs Keramikzentren werden auch als die „Sechs Alten Öfen" bezeichnet.

Neben den Schalen aus den japanischen Keramikzentren wurden in Japan aber weiterhin aus China importierte Schalen für die Bonsai-Gestaltung verwendet. Zum Teil wurden nach dem zweiten Weltkrieg sogar historische Bonsai-Schalen von Japan in die Keramikzentren Chinas geschickt, um dort „nachgebaut" zu werden.

Es ist daher recht schwierig, historische chinesische von alten japanischen Schalen zu unterscheiden, da sich die Stile nur unwesentlich voneinander unterscheiden. Die meisten wertvollen alten Schalen tragen auf der Unterseite des Schalenbodens einen Stempel. Chinesische Schalen haben immer das Zeichen des Künstlers, während japanische Schalen entweder das Zeichen des „Ofens" oder des Künstlers tragen.

Alte Schalen, die von vornherein zur Bepflanzung gefertigt wurden, haben häufig sehr große Wasserabzuglöcher. Nicht selten sind die Bodenlöcher als „Vollmond", „Halbmond" oder „Stern" gestaltet.

Wurde die Schale zunächst für einen anderen Zweck geformt, sind die meist sehr kleinen Wasserabzuglöcher erst später in den Schalenboden gebohrt oder gebrochen worden. Die Spuren der nachträglichen Zweckveränderung kann man noch heute gut sehen.

Industriell gefertige Schalen

Für die große Nachfrage an preiswerten Schalen werden Bonsai-Schalen in Massen hergestellt. Solche Schalen produziert man in allen gängigen Formen und Größen, wobei sie maschinell in Formen gepreßt und in Fließbandöfen gebrannt werden. Die Glasuren werden vor dem Brennvorgang meist nach dem Übergießverfahren aufgetragen. Hierbei wird auf den schräggehaltenen Schalenrohling die Glasurschlämme mit einer Schöpfkelle aufgegossen. Nach dem Trockenvorgang haftet die Glasurmasse auf dem Ton und wird beim anschließenden Brennen fest mit ihm verbunden.

Aus dieser Produktionsweise ergeben sich einige unverkennbare Eigenschaften:

1. Alle Schalen einer Produktionsreihe sind von gleicher Qualität.
2. Bei Schalen derselben Form gibt es nur sehr geringe individuelle Unterschiede.
3. Die Wasserabzuglöcher sind bei Schalen derselben Form exakt an denselben Stellen und von gleicher Größe.
4. Die Schalenwände sind immer sehr gleichförmig, fast steril.
5. Die Schalenfüße und die aufgelegten Verzierungen sind meist sehr einfach geformt, und man sieht keine Arbeitsspuren, die durch das Aufmontieren von Hand entstehen.

Maschinell geformte Schalen eignen sich gut für Bonsai, die in großen Mengen und in gleichem Qualitätsstandard produziert werden. Da die Schalen recht preiswert sind, kann man sich einen größeren Vorrat anlegen und bei Bedarf dann die passende Schale für einen Bonsai zur Hand

haben. In der Erziehungsphase des Bonsai sind solche Schalen vollkommen ausreichend.

Handgetöpferte Schalen

Sobald der Baum im Laufe der Jahre oder Jahrzehnte seine ganze Würde entwickelt hat, ist zu überlegen, ob man ihn nicht in eine handgeformte Schale umpflanzen sollte. Von Hand gearbeitete Schalen unterstreichen den individuellen Charakter des Baumes und lassen ihn zu einem echten Kunstwerk reifen. Außerdem stellt jede handgetöpferte Schale ein Unikat dar. Sie ist damit die angemessene Ergänzung zur Einmaligkeit des gestalteten Baumes.

Gute, ob nun historische oder neuere, handgetöpferte Schalen haben aber nicht nur eine Berechtigung als „Rahmen" für einen Bonsai. Sicher sind sie es auch wert, als eigene Sammlerobjekte betrachtet zu werden. In Japan gilt es als besondere Ehre, wenn ein Bonsai-Meister einem Gast seine Sammlung von wertvollen (unbepflanzten) Schalen präsentiert.

Unter dem Begriff handgetöpfert faßt man zwei völlig unterschiedliche Fertigungsweisen zusammen. Einerseits meint man damit die Formgebung in einer vorgefertigten Form und andererseits den freien Aufbau der Schale aus dem feuchten Ton. Bei beiden Methoden können wir mehr oder weniger viele Arbeitsspuren, vor allem im Innenraum der Schale, entdecken. Aber auch an den Stellen, an denen die Einzelteile der Schale zusammengefügt wurden, können wir zum Beispiel Streichspuren finden.

Bei der ersten Methode wird zunächst eine Form aus Gips oder Holz hergestellt. In diese Form wird nun von Hand eine ausgewalzte Platte aus feuchtem Ton gelegt und an die Wände der Form dicht

Der Schalenkünstler Peter Krebs formt seine handgetöpferten Schalen nach historischen Vorbildern. Viele seiner Schalen sind Yxing-Schalen (China) nachempfunden.

Oben: Breite 33 cm, Tiefe 20 cm, Höhe 13 cm, mit schwarzer Engobemalerei.

Unten: Breite 49 cm, Tiefe 30 cm, Höhe 15 cm.

angedrückt. Nach einiger Zeit verliert der Ton einen Teil seiner Feuchtigkeit, wird fester und schrumpft dabei leicht. Nun kann die vorgeformte Schale aus der Form genommen und weiter bearbeitet werden. Von Hand werden nun die Löcher gestochen, die Füße anmontiert oder Verzierungen aufgelegt. Auch können in den nun lederharten Ton Muster, Bildmotive oder Schriftzeichen eingeschnitten werden.

Die zweite Methode ist komplizierter und zeitraubender. Hier baut der Künstler den Schalenkörper frei von Hand auf. So können runde Schalen auf der Töpferscheibe aus einem feuchten Tonklumpen gedreht werden. Hier sehen wir entsprechende Schleifspuren.

Eckige, aber auch runde Schalen können nach der Plattentechnik aufgebaut werden. Hierzu schneidet man aus dem Tonklumpen gewalzte Platten im feuchten Zustand zurecht und fügt sie anschließend zusammen. Auch die anderen Details der Schale, wie die Füße, die Verzierungen, die Bildspiegel und Schalenränder, werden von Hand geformt und an den Schalenkörper montiert.

Bei den sehr sorgfältigen Nacharbeiten der fertig montierten Schale werden alle Unebenheiten und Arbeitsspuren beseitigt. Trotzdem können die Spuren der reinen Handarbeit bei genauer Betrachtung immer noch ausgemacht werden. Sicher verleihen gerade diese minimalen Spuren der handgetöpferten Schale einen ganz besonderen Reiz und geben ihr eine gewisse Eigendynamik.

Gebrannt wird heute in modernen Gas- oder Elektroöfen mit viel geringerer Brenndauer und vermindertem Risiko beim Brennen.

Handgetöpferte Schalen haben natürlich einen viel höheren Preis als industriell gefertigte Schalen. Der hohe Aufwand und die vielen Unwägbarkeiten, die bei der Herstellung einer Schale von Hand entstehen, rechtfertigen sicher den höheren Preis.

Wird eine handgetöpferte Schale mit einem Bonsai bepflanzt, verändert sie im Laufe der Jahre ihre Ausstrahlung. Die chemischen Veränderungen durch Wasser, Dünger und Witterungseinflüsse geben ihr Patina. Die Spuren der Zeit lassen sie immer mehr an Charakter gewinnen.

Die weiterführenden Grundstilarten

In der freien Natur finden wir, je nach Standort und den dort herrschenden klimatischen Bedingungen, von ein und derselben Baumart die unterschiedlichsten Baumformen. So sieht eine Rotbuche in einem dichten Wald ganz anders aus als eine gleichalte Rotbuche mitten auf einer Wiese, und noch anders sieht der Baum in einer windexponierten Höhenlage aus.
Während die erstgenannte Buche einen langen geraden Stamm ausbildet, der nur in seinem oberen Drittel eine Krone ausbildet, zeigt die zweitgenannte Buche eine dichte Beastung auf ihrer ganzen Stammlänge, und der dritte Baum wiederum hat sein Hauptastwerk auf der windabgewandten Seite seines Stammes ausgebildet. Noch viele andere Baumformen wären denkbar, aber alle lassen sich auf nur wenige Grundformen zurückführen.
In der Bonsai-Gestaltung hat man sich im Laufe der Zeit auf die Definition von sechzehn sogenannten Grundstilarten geeinigt. Je nachdem, welche speziellen klimatischen und standortspezifischen Bedingungen nachempfunden werden, die den einzelnen Baum geformt haben sollen, wird eine Grundstilart in reiner Form oder einer Kombination aus Elementen verschiedener Grundstilarten gestaltet.
In meinem Buch „Bonsai-Grundkurs" haben wir die fünf Basis-Grundstilarten kennengelernt, von denen sich die hier vorgestellten weiterführenden Grundstilarten mehr oder weniger stark ableiten. Die wesentlichen Merkmale der jeweiligen Grundstilart finden Sie am Anfang der Beschreibung. Die Auswahl der für die Grundstilart geeigneten Schalenformen sowie deren grundsätzliche Gestaltung sind die nächsten beiden Stichworte.

Die gelehnte Form

Jap.: Shakan

Diese Grundstilart leitet sich von der streng aufrechten Form (Jap.: Shokkan) oder auch der frei aufrechten Form (Jap.: Moyohgi) ab. Entweder geht der Stamm wie bei der streng aufrechten Form vom Wurzelansatz bis zur Spitze ohne nennenswerte Biegungen gerade durch, oder er zeigt mehr oder weniger starke Biegungen wie bei der frei aufrechten Form.

Während aber der Stamm bei der streng aufrechten Form senkrecht in die Höhe geht und bei der frei aufrechten Form die Äste und Krone so austariert sind, daß sie im Lot über dem Stammfuß liegen, ist bei der gelehnten Form der Stamm um 11 bis 45° aus der Senkrechten geneigt.
Solche Baumformen entstehen in der freien Natur, wenn ein senkrechter Baum

durch einen Sturm oder einen Erdrutsch zur Seite weggedrückt wurde. Die Wurzeln auf der Seite, die der Neigung gegenüberliegen, geraten dabei unter Zugspannung, während die Wurzeln auf der Neigungsseite gepreßt werden.

Bei dieser Grundstilart ist der Wurzelhals besonders wichtig, soll der Bonsai wirklich überzeugend wirken. Entsprechend sind bei einem Bonsai in geneigter Form die dicken Wurzeln des Wurzelhalses auf der Gegenneigungsseite über der Erdoberfläche langgestreckt und relativ weit sichtbar freigelegt. Die Wurzeln auf Neigungsseite sind hingegen nur kurz über der Erdoberfläche zu sehen und streben dann abrupt ins Erdreich. Die Wurzeln sind hier fast knieförmig gebogen.

Bei einer so starken Stammneigung besteht die Gefahr, daß der Baum irgendwann endgültig entwurzelt wird und umstürzt. Diese Gefahr erwächst nicht so sehr aus dem Gewicht der Äste und Laubmasse, sondern vielmehr aus dem Ungleichgewicht des Stammes. Der Baum kann dennoch dieser Gefahr nur begegnen, indem er die Ast- bzw. Laubmasse neu anordnet. Auf der Neigungsseite muß das Gewicht der Äste deutlich kleiner werden als auf der Gegenneigungsseite. Die Äste der Neigungsseite sind kurz und stehen fast parallel zur Erdoberfläche. Auf der Gegenneigungsseite sind die Äste länger und eventuell in Richtung auf den Stammverlauf hin geneigt. Die gesamte Astsilhouette bildet ein ungleichschenkliges Dreieck, welches auf der Neigungsseite mit sehr spitzem Winkel und auf der Gegenneigungsseite bis zu 50° vom Lot abweicht. Die Linienführung der Basis des Dreiecks geht hier in einem mäßig spitzen Winkel von der Gegenneigungsseite nach oben zur Neigungsseite.

Der erste Hauptast setzt auf der Gegenneigungsseite weit oben an und neigt sich weit nach unten, endet aber oberhalb des unteren Drittels des Stammes. Zur Spitze

hin werden die Äste der Gegenneigungsseite kürzer und weniger stark geneigt. Wichtig ist bei allen Ästen dieser Baumseite die erste Biegung am Stamm. Die Linienführung ist vom Betrachter aus gesehen zunächst leicht aufwärts, um dann mit mehr oder weniger starker Biegung entweder horizontal oder abwärts geneigt weiterzugehen.

In der freien Natur gehen die Äste bei aufrechtem Stamm mehr oder weniger horizontal vom Stamm weg. Neigt sich nun der Stamm durch den gedachten Erdrutsch, bleibt die Anfangsbiegung der Äste erhalten, zeigen aber nun auf der Gegenneigungsseite nach oben. Erst das anschließende Wachstum gibt den Ästen in ihrem weiteren Verlauf eine neue Wuchsrichtung.

Auf der Neigungsseite haben wir dieselbe Ausgangssituation, also horizontal wachsende Äste. Nach dem Ereignis, welches den Stamm umgedrückt hat, zeigt die Anfangsbiegung der Äste nun nach unten. Mit dem anschließenden Wachstum stellt eine Aufwärtsbiegung die horizontale Stellung der Äste wieder her.

So hat der unterste Ast der Neigungsseite des Stammes nur eine geringe Neigung nach unten oder verläuft fast parallel zur Erdoberfläche. Die Verbindungslinie der weiteren Äste zur Krone hin bildet fast eine Senkrechte.

Die Äste der Vorder- und Rückseite des Baumes komplettieren das von den beiden Seiten vorgegebene Schema optisch und geben der Gestaltung die nötige Tiefenwirkung.

Insgesamt sollte der Stamm gut sichtbar sein und sich von der Basis zur Spitze gleichmäßig verjüngen. Die Krone darf nicht zu massig gestaltet sein, um dem Baum auch optisch Stabilität zu geben. Meist tendiert die Krone mit schwacher Stammbiegung leicht zur Gegenneigungsseite hin (siehe zu den gesamten Ausführungen auch Zeichnungen Seite 94).

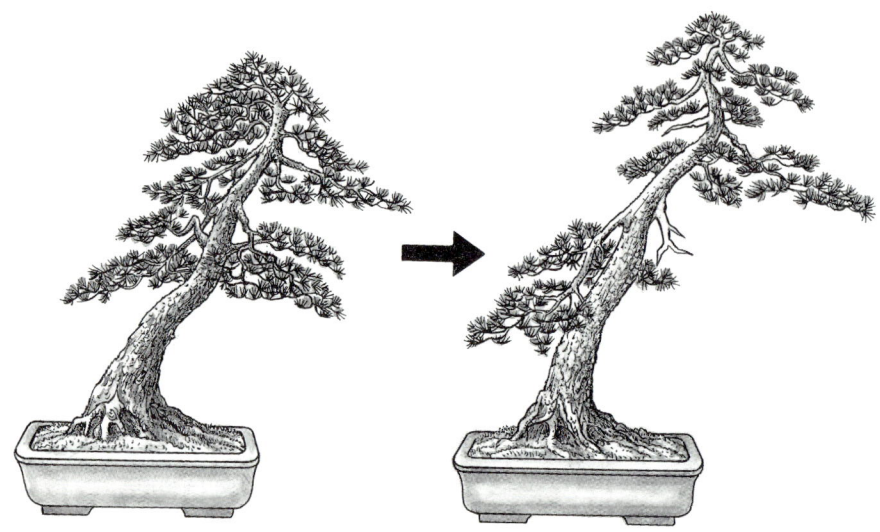

Der Ast auf der Innenseite der Stammbiegung nimmt dem Baum viel an Aussagekraft. Hier ist es angebracht, den Ast nicht ganz zu entfernen, sondern ihn als Jin zum Teil zu erhalten. Die anderen Äste werden zur gelehnten Form neu geordnet.

Wahl der Schale

Die Schalenformen hängen stark vom Umfang und von der Masse der Krone ab. Bei ausladenderen Kronen sind rechteckige und ovale Schalen auszuwählen. Der größte Durchmesser der Schale entspricht etwa zwei Drittel der Baumhöhe. Bei der Schalenhöhe orientiert man sich an der Stammdicke – Schalenwandhöhe und Stammdicke entsprechen einander. Der Baum wird außerhalb der Schalenmitte plaziert, wobei der größere Schalenfreiraum unterhalb der Stammneigung liegt.
Bäume mit nur leichter Krone wirken sehr gut in kreisrunden oder quadratischen Schalen. Solche Schalen haben naturgemäß nur flache Füßchen. Der Durchmesser der Schale sollte so gewählt werden,

daß der geneigte Stamm nur mäßig über den Schalenrand hinausragt. Die Plazierung des Baumes ist nur wenig von der Mitte der Schale zu einer der beiden Seiten hin verschoben.

Gestaltung einer gelehnten Form

Für die Gestaltung eines geneigten Stammes eignen sich fast alle Baumarten, wobei Bäume mit interessanter Rindenstruktur zu bevorzugen sind, da der Stamm das wichtigste Gestaltungsmerkmal ist.
Besonders schöne Vertreter dieser Grundstilart lassen sich aus Sämlingen oder Stecklingen ziehen, deren Formgebung wir von Anfang an in der Hand haben. Hier beginnt man schon sehr früh auf das spätere Gestaltungsziel hinzuarbeiten. In den ersten Jahren heißt die Gestaltungsaufgabe, den Stamm zu formen, der sich von einer relativ dicken Basis zur leichten Krone hin verjüngt. Das erreicht man, indem man die unteren Äste lang durchtreiben läßt und am Ende der Wachstumszeit wieder stark zurückschneidet. Die

Eine in der Natur gefundene Lärche (*Larix kaempferi*) in der frei aufrechten Variante. (British Bonsai Convention)

Kronenäste werden hingegen kürzer gehalten, damit später starke Schnittstellen vermieden werden können.

Obwohl der Baum in der Erziehungsphase mit senkrechtem Stamm eingepflanzt wird, beginnen wir bei dem jährlichen Wurzelschnitt bereits mit der Gestaltung des Wurzelhalses. Auf der einen Seite werden langgestreckte Oberflächenwurzeln herausgearbeitet, während die späteren Oberflächenwurzeln der anderen Seite kürzer und gebogener geformt werden. In der Erziehungsphase bedeckt man die späteren Oberflächenwurzeln beim Eintopfen aber immer vollständig mit Erde. Nur so können sich die Wurzeln des Wurzelhalses gut entwickeln und an Dicke zunehmen.

Je nach Wuchsstärke beginnen wir im dritten bis fünften Jahr mit der Gestaltung der Krone. Nun wird der Baum zum ersten Mal mit geneigtem Stamm eingepflanzt, und die Oberflächenwurzeln werden nach und nach freigelegt. Durch richtiges Schneiden und Drahten wird die Krone im Laufe der nächsten Jahre immer mehr verbessert und eine feine Verästelung herausgearbeitet.

Nur selten findet man eine Baumschulpflanze, die alle Anforderungen für diese Grundstilart erfüllt. Meist muß man über einen längeren Zeitraum den typischen Wurzelhals erarbeiteten. Gute Erfolge erzielt man hier durch Abmoosen eines Stammes in einer geeigneten Höhe. Ein anderes Problem kann die Anordnung der Äste bei der Baumschulpflanze darstellen. Meist kommt man nicht umhin, fast alle Äste auf kurze Stümpfe zurückzuschneiden und aus dem nachfolgenden Austrieb neu aufzubauen.

Sucht man nach einer für diese Grundstilart geeigneten Baumschulpflanze, wird man also in erster Linie auf einen guten Stammverlauf achten müssen.

Die Halbkaskade

Jap.: Han-Kengai

Die Halbkaskade vereinigt in sich Stilelemente der Kaskade und der frei aufrechten Form. Wie bei der frei aufrechten Form weist der Stammverlauf mehrere harmonische Biegungen zu beiden Seiten, nach vorn und hinten, auf. In Abwandlung zur frei aufrechten Form bleibt der Stamm gedrungen, und die Krone wird ausladend und flach gestaltet.

Der unterste Hauptast (der ehemalige Stamm) wird relativ lang und kräftig gestaltet und neigt sich wie bei der Kaskade über den Schalenrand. Anders als bei der Kaskade hat der Stamm eine Neigung von 45° aus der Vertikalen und geht dann mit seinem Hauptast nur knapp unterhalb des Schalenrandes.

Die Halbkaskade bis zur Unterkante der Schale zuzulassen, ist bei sehr tiefen Schalen eher eine Kaskade. Die Hauptbewegungsrichtung der Kaskade führt in die Tiefe einer Klippe, während die Dynamik der Halbkaskade eher mit nur leichter Abwärtsneigung in den horizontalen Raum geht.

In der freien Natur entstehen solche Baumformen, wenn ein Baum nahe an einer senkrecht abfallenden Felswand wächst. Das einseitig einfallende Licht leitet die Wuchsrichtung in den freien Raum von der Felswand weg. Je nachdem wie nah der Baum an der Felswand steht und ob sich eventuell oberhalb seines Standortes noch ein Felsüberhang befindet, ist das Streben in den horizontalen Raum mehr oder weniger stark ausgeprägt. Entsprechend kann sich die Krone zur Ausbalancierung des einseitigen Wachstums direkt über dem Wurzelhals, im ersten Drittel der Halbkaskade oder sogar in deren zweiten Drittel befinden.

Bei einer Halbkaskade mit einer über dem Wurzelhals gestalteten Krone verschmelzen Baum und Schale sehr überzeugend zu einer Einheit. Gleichzeitig wirkt eine solche Halbkaskade eher im Gleichgewicht. Natürlich sollte hier der Ast oder Stamm, der die Halbkaskade bildet, sehr kräftig und dominierend sein, weil er sonst eher dem Hauptast einer frei aufrechten Form ähnelt.

Eine zusätzliche Schwierigkeit ist auch, die nötige Tiefenwirkung herauszuarbeiten. Hier sollte der erste Ast der Krone gegenüber der Halbkaskade aufgebaut werden. Dabei ist zu beachten, daß dieser

Weit lehnt sich die Halbkaskade (Mädchenkiefer, *Pinus parviflora*) über den Schalenrand in den freien Raum. Die Krone nimmt zwar die Bewegung der Halbkaskade auf, stellt aber auch ein optisches Gegengewicht dar.
(Bonsai-Sekai, Japan)

Ast zwar nicht zu lang ist, sich aber ausreichend zur Rückseite des Baumes hin verzweigt. Wird die Halbkaskade gleichzeitig mit Schwüngen nach hinten und vorn versehen und werden an ihren Biegungen gleichzeitig verzweigte Äste aufgebaut, verstärkt das die Tiefenwirkung.
Grundsätzlich läßt sich die Halbkaskade in zwei Variationen gestalten. Im ersten Fall befindet sich über dem relativ flachen und sich rasch verjüngenden, neuen Stamm eine ausladende, halbovale Krone. Meist gestaltet man den Stamm zu einer sanften S-Form. Der ehemalige Stamm, der jetzt die Halbkaskade bildet, nimmt diese S-förmige Bewegung auf, geht ein Stück weit mit leichter Neigung in Richtung auf den Erdboden, um dann schließlich in sanftem Schwung über den Schalenrand mäßig weit in die Tiefe zu führen. Während der untere Teil des neuen Stammes unbeastet bleibt und im wesentlichen nur die Krone trägt, ist die Halbkas-

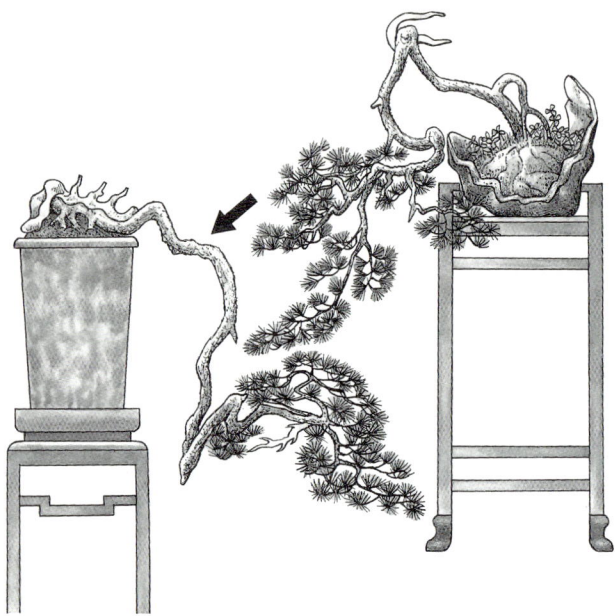

Der ganze Baum wird zur Kaskade umgestaltet. Hierzu wird er bis zur ersten starken Stammbiegung in die tiefe Kaskadenschale eingepflanzt. Durch gleichzeitiges Abmoosen erarbeitet man einen neuen Wurzelhals. Zusätzlich wird die vorherige Rückseite des Baumes zur neuen Vorderseite umgestaltet.

kade etwa zu zwei Dritteln belaubt. Die Zweige bilden mehrere halbovale Polster mit deutlichen Abständen zueinander. Wichtig ist in jedem Fall, daß sich auf der Unterseite der Laubpolster keine Laubmasse nach unten streckt. Sowohl der ganze Baum als auch die einzelnen Gestaltungsmerkmale bilden jeweils ungleichschenklige Dreiecke.

Im zweiten Fall wird auf dem niedergelegten Stamm keine neue Krone aufgebaut. Nun müssen der Stammverlauf und die einzelnen Laubpolster noch feiner ausgeformt werden. Besonders wichtig ist dabei, daß die Aussagekraft des Stammes besonders überzeugend herausgearbeitet wird. Vielfach ist es sinnvoll, wenn man sich bei der Gestaltung des Stammverlaufes entfernt an einen Blitz erinnert. Die Schwünge sollten dabei langgestreckter und sanfter erfolgen, als sie der Blitz hervorbringt. In mehreren aufeinanderfolgenden Ebenen werden an den Außenseiten der Krümmungen des niederliegen-

den Stammes halbovale Laubpolster aufgebaut. Von Ebene zu Ebene sollten die Zwischenräume deutlich zu erkennen sein.

Wahl der Schale

Je nach geplanter Gesamtaussage der Gestaltung kann man drei deutlich unterschiedliche Schalengruppen für die Halbkaskade verwenden:

1. Tiefe, runde, quadratische, sechseckige oder achteckige Schalen verwendet man für Halbkaskaden mit starker Ausdruckskraft und gezackten Biegungen. Hier wird ein starker Kontrast zwischen der horizontalen und vertikalen Bewegung aufgebaut.

2. Mitteltiefe, ovale, rechteckige, runde, quadratische, sechseckige oder achteckige Schalen werden für anmutigere Halbkaskaden mit weicheren Biegungen verwendet.

3. Flache, ovale oder rechteckige Schalen

unterstreichen die horizontale Bewegung und erinnern entfernt an Bäume in windgepeitschter Form.

Die Stammbasis wird normalerweise in der Mitte der Schalenfläche plaziert. Nur wenn sich der Stamm recht flach über dem Erdboden in Richtung auf den Schalenrand zubewegt, wird der Stamm außerhalb der Mitte zu der der Halbkaskade gegenüberliegenden Seite plaziert.
Die Halbkaskade überschreitet, von vorn betrachtet, zu einer der beiden Seiten den Schalenrand, um sich dann leicht zur Vorderseite hin zu bewegen. Auf keinen Fall zeigt die Halbkaskade nach hinten.

Gestaltung einer Halbkaskade

Bei der Auswahl einer geeigneten Ausgangspflanze für diese Stilrichtung sucht man entweder nach einem Baum mit nur kurzem Stamm und einem stark entwickelten Hauptast oder einem Baum, dessen Stamm halbkaskadenförmig gekrümmt werden kann.
Im ersten Fall wird der Hauptast zum stilbestimmenden Gestaltungselement. Sollte der Stamm länger sein, als für diese Stilrichtung vorgeschrieben, kann er entweder eingekürzt oder seine Spitze als Jin gestaltet werden.
Wichtig ist, daß der Baumteil, der zur Halbkaskade gestaltet werden soll, noch eine ausreichende Flexibilität besitzt, um mit Hilfe von Draht in den gewünschten Verlauf gebogen werden zu können. Das gelingt bei den meisten Baumarten noch bis zu etwa Daumendicke.
Für die ersten Jahre der Erziehung des Baumes kann man ein tiefes, normales Pflanzgefäß verwenden. Erst wenn sich der Baum der angestrebten Gestaltung weitgehend genähert hat, ist es sinnvoll, in eine Bonsai-Schale umzupflanzen.
Ist der Baumteil, der die Halbkaskade bilden soll, noch nicht ausreichend stark verzweigt oder nicht genügend dick, pflanzt man den Baum vorübergehend so ein, daß die spätere Halbkaskade nach oben zeigt. Der Saftstrom eines Baumes hat immer die senkrecht nach oben weisende Richtung, so daß die Entwicklung dieses wichtigen Gestaltungsdetails viel schneller erfolgt als bei der endgültigen Wuchsrichtung in der Bonsai-Schale.
Ist dann das beabsichtigte Ziel weitgehend erreicht, wird der Baum seiner eigentlichen Gestaltungsform entsprechend umgepflanzt.
Für diese Stilrichtung stehen viel mehr Baumarten zur Auswahl als für die Kaskade. Natürlich sind auch hier wieder Nadelbäume, wie Kiefern oder Wacholder, gut geeignet. Aber auch bei den Bodendeckern, wie beispielsweise *Cotoneaster*, lassen sich gute Kandidaten für die Halbkaskade finden. Selbst Ahorne, Äpfel, Quitten, Wistarien und Azaleen entwickeln in dieser Stilrichtung eine überzeugende Ausdruckskraft.

Halbkaskade mit gelehntem Stamm.

Die windgepeitschte Form

Jap.: Fukinagashi

Auf windexponierten Bergkuppen mit einer vorherrschenden Windrichtung findet man häufig Bäume mit extrem einseitig wachsender Form. Da der Wind immer relativ stark aus einer Richtung kommt, sind alle Baumteile in ihrer Wuchsrichtung

zur windabgewandten Seite umgelenkt. Die Krone und alle Äste zeigen also zu einer Seite des Baumes. Nicht selten ist dabei auch der Stamm, wie bei der gelehnten Form, zur windabgewandten Seite hin geneigt. Der Stamm kann aber auch ohne weiteres streng aufrecht, frei aufrecht oder als Halbkaskade gestaltet sein. Wichtig ist allein die Hauptbewegungsrichtung der Äste. In der Bonsai-Gestaltung nennen wir diese Baumgestalt windgepeitsche Form.
Bei einem guten Bonsai in dieser Grundstilart muß man förmlich den Wind im Geäst des Baumes brausen hören. Entsprechend ist jedes Baumdetail sehr genau auszuformen, will man einen Baum in dieser ausdrucksstarken Stilart gestalten. Kaum eine der Grundstilarten zeigt so

deutlich das Prinzip des Kampfes eines Baumes mit den Naturgewalten. Andererseits wird gerade hier auch der Eindruck der Vergänglichkeit vermittelt.
Windgepeitsche Bäume mit geradem Stamm sollten einen relativ dicken Stamm haben, der sich gut zur Krone hin verjüngt. Alle Äste, wie auch die Krone, zeigen zu einer der beiden Seiten vom Betrachter aus gesehen. Die Äste, die im Windschatten des Stammes wachsen, sind mit nur wenigen Biegungen versehen. Äste der Rückseite des Bonsai zeigen, nach einer relativ starken Anfangsbiegung, ebenfalls mit verhältnismäßig gerader Linienführung in die windabgewandte Richtung. Entsprechend ist die Tiefenwirkung eines solchen Bonsai nur schwach ausgeprägt. Nur bei dieser Grundstilart dürfen Äste auf der Vorder- oder der Rückseite den Stamm kreuzen. Äste, die auf der windexponierten Seite wachsen, werden mit einer starken Anfangsbiegung, den Stamm kreuzend, in die Windrichtung gebogen.
Da der Wind die dominierende gestaltende Kraft ist, verläuft die Linienführung der einzelnen Äste parallel zur Bodenoberfläche, also weder abwärts noch aufwärts gerichtet. Von unten nach oben werden die Äste kürzer und weniger stark verzweigt, wobei aber die Äste der Krone nicht zu kurz gehalten werden sollten.
Bei windgepeitschten Formen mit geneigtem Stamm kann die Stammneigung jeden Winkel relativ zur Senkrechten haben. In Extremfällen kann der Stamm fast auf dem Boden aufliegen. Bei einem Winkel bis etwa 45° befinden sich die meisten Äste auf der Neigungsseite des Stammes und werden ähnlich wie bei der Variation mit aufrechtem Stamm gestaltet. Auch hier ist die Linienführung der Äste parallel zur Erdoberfläche.
Ist der Stamm noch stärker zum Boden hin geneigt, entspringen die meisten Äste auf der Oberseite des Stammes. Nach relativ

Kugelfichte (*Picea abies* 'Globosa Nana') in
windgepeitschter Form.
(Besitz: DIE GALERIE/Bonsai Rüger, Schöneck.)

starker Anfangsbiegung gehen sie in die
gleiche Richtung, in die sich der Stamm
neigt, und verlaufen recht gerade, parallel
zur Erdoberfläche. Dabei ist es unum-
gänglich, daß die Äste den Stamm kreuzen, was bei fast allen anderen Grundstilarten als unerwünscht gilt.
Zwei Gestaltungsdetails sind bei dieser

Grundstilart besonders zu beachten:
1. Ein kräftiger Wurzelhals, der ähnlich
ausgeformt ist wie bei der gelehnten Form
(siehe Seiten 92 ff.).
2. Das Zusammenspiel von mehr oder
weniger stark verzweigten Ästen und den
Freiräumen zwischen ihnen.
Beide, sowohl der Wurzelhals als auch die
Äste mit ihren Zwischenräumen, müssen
den Kampf mit den Naturgewalten darstellen können. Viele und zudem noch
überladen belaubte Äste widersprechen
der Grundaussage dieser Stilart.

Shari- und Saba-miki-Bereiche (siehe Seiten 73 ff.) können sich auf der windzugewandten Seite befinden. Hier hat der ständig stark blasende Wind Stammbereiche absterben lassen und anschließend entrindet und gebleicht. Diese Stilelemente sollten nur bei dicken Stämmen und dann auch nur sparsam verwendet werden. Bei sensiblem Einsatz von Shari und Sabamiki kann die Ausdrucksstärke der windgepeitschten Form erheblich gesteigert werden. Übertriebener Einsatz von entrindeten Bereichen wirkt eher grotesk und bizarr.

Wahl der Schale

Für die meisten Bäume im windgepeitschten Stil ist eine flache, ovale oder rechteckige Schale zu verwenden. Natürlich ist die Schalenhöhe auch hier wieder von der Dicke des Stammes abhängig zu machen. Ähnelt der Baum eher einer Halbkaskade, wählen wir die Schale, die ihrer Gesamtaussage entspricht (siehe Seiten 85 f.).
Sehr effektvoll wirkt ein Fukinagashi auch auf einem Steintablett. Hier steht der Baum auf einem Hügel, der seiner windexponierten Stellung entsprechen sollte.

Beim Einpflanzen des Baumes in seine Schale sollte die größte freie Erdoberfläche auf der windabgewandten Seite sein. Die Oberflächengestaltung sollte der Gesamtszenerie einer windexponierten Lage entsprechen. Entsprechend gehen wir mit einer Moosabdeckung der Erdoberfläche sehr sparsam um. Lediglich im direkten Wurzelhalsbereich, und hier vor allem auf der windabgewandten Seite, finden wir ein flaches Moospolster. Der Rest der Erdoberfläche kann mit grobem Sand oder mit schwach aus der Erde ragenden, flachen Steinen gestaltet werden.

Gestaltung einer windgepeitschten Form

Als Fukinagashi eignen sich die meisten Koniferen, wie Kiefern, Fichten, Wacholder und Lärchen, und Laubbäume mit festeren, kleinen Blättern. Ungeeignet sind alle Weichholzarten oder Arten mit sehr weichem Laub.
Bei der Suche nach einem geeigneten

Umgestaltung einer gelehnten Form in eine windgepeitschte Form. Das Steintablett verstärkt die Wirkung der neuen Gestaltung.

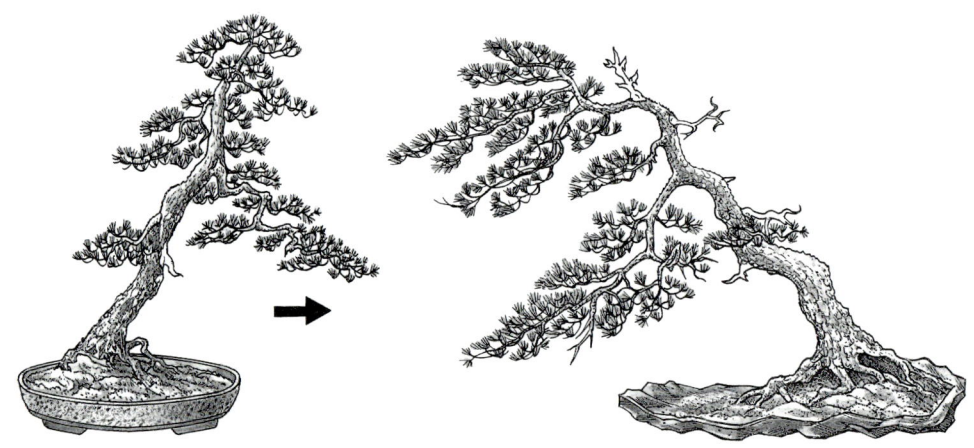

Baum sollten wir im Gartencenter nicht unbedingt nach einem Baum schauen, der von sich aus schon einseitiges Wachstum hat. Der nur schwer zu vermittelnde Eindruck des Kampfes mit den Naturgewalten ist mit solchen Bäumen kaum glaubhaft zu gestalten.

Anders sieht es bei einem Baum aus der freien Natur aus, der im Laufe der Jahre durch die Naturgewalten zu einseitigem Wachstum gezwungen wurde. Hier finden wir auf der „Windseite" meist noch Stümpfe von Ästen, die sich in Shari- und Saba-miki-Bereiche integrieren lassen oder einzelne Äste, die sich zur „windabgewandten Seite" hin drahten lassen.

Bei der Erarbeitung des Wurzelhalses schaffen wir auf der „Windseite" langgezogene, dickere Wurzeln, die unter Zugspannung zu stehen scheinen. Die Stammfußwurzeln der „windabgewandten Seite" sind kurze, dicke Wurzeln, die unter Druckspannung stehen.

Der erste Ast entspringt dem Stamm auf der windabgewandten Seite, der Rückseitenast auf der Windseite und biegt sich abrupt in die windabgewandte Richtung. Der dritte Ast entspringt ebenfalls auf der Windseite und kreuzt nach starker Biegung den Stamm auf der Vorderseite. Nach einer mehr oder weniger langen unbeasteten Zone entspringt eine ähnliche Dreiergruppe von Ästen dem Stamm. Es ist sinnvoll, in solchen Dreiergruppen von Ästen weiterzuarbeiten, wobei das Zusammenspiel zwischen aktiven, beasteten Bereichen und passiven Freiräumen zu beachten ist.

Alle Äste haben, bis auf eventuell starke Anfangsbiegungen, nur moderate Schwünge in ihrer Linienführung. Die Laubpolster erheben sich nur sehr gering über dem Astprofil. Von oben betrachtet, entsprechen die Laubpolster in ihrer Form langgezogenen ungleichschenkligen Dreiecken, langgestreckten Speerspitzen oder gestreckten Caros.

Die Literatenform

Jap.: Bunjingi

Der eigenartige Name für diese Grundstilart leitet sich von der japanischen Bezeichnung Bunjin-ga für chinesische Tuschezeichnungen ab. Diese Land-

schaftsmalereien stellen häufig schroffelsige Landschaften mit extrem schlanken und nur im Kronenbereich beasteten, bizarren Bäumen, meist Kiefern, dar. Die Künstler waren meist gebildete Beamte, die ein asketisches Leben nach den Prinzipien des Zen-Buddhismus (oder Daoismus) führten.

Ein dem Studium gewidmetes Leben in Askese läßt eine schlanke, kopfbetonte Gestalt entstehen. Somit wird der Literat durch einen Baum mit langem, schlanken Stamm symbolisiert, der nur in seinem oberen Drittel einige wenige Äste aufweist.

Mädchenkiefer (*Pinus parviflora*) als Bunjingi-
Doppelstamm.
(Besitz: DIE GALERIE/Bonsai Rüger, Schöneck)

In der Kaiserstadt Kyoto mit ihrer bil-
dungsinteressierten Adelsschicht fanden
sowohl die Landschaftsmalereien als auch
die in diesem Stil gestalteten Bäume viel
Anklang, stellten sie doch einen deutlichen Kontrast zur groberen Kriegerkaste
der Samurai dar.
Bonsai im Bunjingi-Stil haben einen langen, schlanken Stamm, an dem sich in den
unteren zwei Dritteln keine Äste befinden. Die Stammlinienführung verläuft von
einem mäßig dicken Stammfuß, sich kon-
tinuierlich verjüngend, in weichen
Schwüngen zu der kleinen Krone hin. Die

Tiefenwirkung dieses lebenden dreidi-
mensionalen Bildes kann nur von den
Stammbiegungen ausgehen, da sich kaum
Äste an ihm befinden. Hier das rechte
Maß zu finden, ist verhältnismäßig
schwierig, ist doch der Grat zwischen
gerade noch elegant wirkend und bizarr
überzeichnet ziemlich schmal.
In Anlehnung an die Ableitung des Bunjingi von einem asketisch lebenden älteren Gelehrten, sollte der Stamm einen
lebenserfahrenen Eindruck vermitteln.
Dazu muß die Rinde bereits die typische,
meist borkige Struktur eines älteren Baumes haben, will man nicht einen Jüngling
darstellen, der noch keine Gelehrsamkeit
entwickelt haben kann.
Die wenigen Äste der Krone sind im Verhältnis zur Stammlänge verhältnismäßig
kurz. Falls notwendig, dürfen auch hier,
wie beim Fukinagashi, einzelne Äste den
Stamm kreuzen. Auch die Laubmasse an
jedem Ast ist reduziert, da mit Blättern
oder Nadeln überladene Äste der Grundaussage des Bunjingi widersprechen.
Bis auf diese wenigen Regeln sind Ihrer
Phantasie bei der Gestaltung eines Bunjingi keine Grenzen gesetzt. Die Krone
kann fein verästelt wie bei einer frei aufrechten Form aufgebaut sein, sie kann sich
aber auch mit einem deutlichen Winkel
nach unten bewegen, so daß sie nicht auf
dem höchsten Punkt des Stammes aufgebaut wird. Selbst Literaten, die an Halbkaskaden oder sogar an Kaskaden erinnern,
sind möglich.
Man kann entsprechend die Literatenform auch als die Avantgarde unter den
Bonsai bezeichnen, läßt sich ein solcher
Baum doch in kaum ein Schema pressen.

Eine Japanische Schwarzkiefer (*Pinus thunbergii*)
in typischer Literatenform.
(British Bonsai Convention)

Wahl der Schale

Die normale Schale für einen Bunjingi ist zurückhaltend, flach und mit verhältnismäßig geringem Durchmesser. Lediglich bei Literaten im Halbkaskaden- oder Kaskadenstil kann man in entsprechend tiefere Schalen pflanzen. Als Formen kommen runde, quadratische, sechseckige, achteckige und alle anderen Schalen mit gleichen Seitenlängen in Frage.

Nur so verweilt das Auge des Betrachters nicht im Bereich der Schale und des Stammfußes, sondern es wird auf die Aussage des Stammes gelenkt.

Die Stellung des Baumes ist immer genau in der Mitte der Schale. Da nur eine geringe Laubmasse mit Wasser und Nährsalzen versorgt werden muß, braucht die kleine Schale auch nur wenig Erde aufnehmen können.

Gestaltung eines Bunjingi

Obwohl man bei einer Grundstilart, in der es offensichtlich kaum Gestaltungsvorschriften gibt, leicht in die Versuchung gerät, sie als einfach zu formen zu empfinden, ist es gerade mit den wenigen Gestaltungselementen ausgesprochen schwierig, einem solchen Bonsai Aussagekraft zu geben.

Da der Stamm eines Literaten den Hauptteil der Gesamtaussage ausmacht, muß bei der Auswahl einer geeigneten Ausgangspflanze besonderes Augenmerk hierauf gelegt werden. Nach Möglichkeit sollten sich in den unteren zwei Dritteln des zukünftigen Stammes keine starken Äste befinden. Man kann noch so sorgfältig bei der Entfernung der Äste vorgehen, Wundmale werden auf jeden Fall erhalten bleiben.

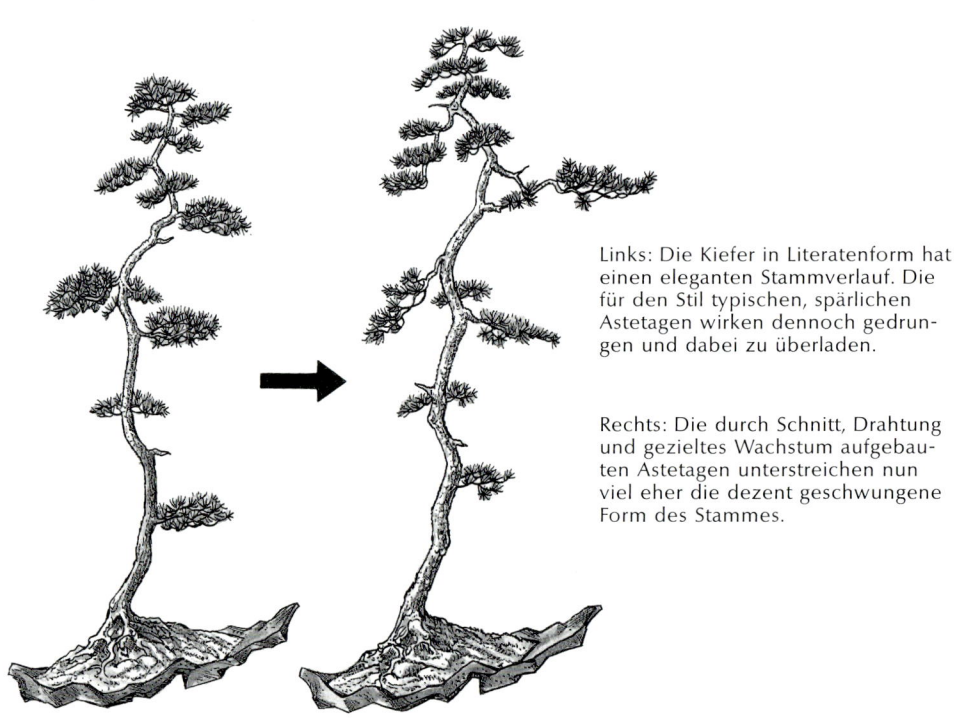

Links: Die Kiefer in Literatenform hat einen eleganten Stammverlauf. Die für den Stil typischen, spärlichen Astetagen wirken dennoch gedrungen und dabei zu überladen.

Rechts: Die durch Schnitt, Drahtung und gezieltes Wachstum aufgebauten Astetagen unterstreichen nun viel eher die dezent geschwungene Form des Stammes.

Der Baum sollte zwar eine für einen älteren Baum typische Borke haben, aber dennoch, vor allem bei dünneren Stämmen, noch biegbar sein. Die Methode „wachsen lassen und stark zurückschneiden" ist hier natürlich wegen der entstehenden Wunden nicht zu empfehlen. Man muß bei jüngeren Bäumen die Stammreifung ausschließlich mit der späteren Krone durchführen.

Damit sich der Stamm entsprechend schneller verdickt, kann der Baum für einige Jahre in den Garten oder in einen größeren Pflanzcontainer gesetzt werden. Als Bonsai im Bunjingi-Stil sind wegen ihrer rauheren Borke vor allem Kiefern, Wacholder, Lärchen und Zedern geeignet. Von den Laubbäumen sind nur Arten mit kleineren Blättern oder solche, deren Blätter durch Bonsai-Techniken verkleinert werden können, brauchbar.

Jahre haben in dem abschüssigen Gelände starke Regenfälle immer größere Teile des Wurzelballens freigespült, so daß der Baum wie auf Stelzen stehend erscheint.

Der Wurzelstamm

Jap.: Neagari

Manch einem Betrachter mag ein Bonsai, im Neagari-Stil gestaltet, als unnatürlich erscheinen. Bei einem anderen Menschen regt ein Wurzelstamm die Phantasie an. Wie auch immer, der „aus der Wurzel aufsteigende Stamm" läßt keinen Betrachter unberührt.

Das prägende Element dieses Stils sind die Stelzwurzeln, die mindestens die Hälfte der Gestaltungshöhe ausmachen. Auf den kräftigen, weit aus dem Boden ragenden Wurzeln erhebt sich der in den verschiedensten Stilrichtungen zu gestaltende Stamm. Am häufigsten werden Kiefern verwendet, die dann im Halbkaskaden-Stil geformt sind.

In der freien Natur können wir manchmal in Gebieten mit stark fortschreitender Erosion solche Bäume antreffen. Im Laufe der

Wichtig ist, daß sich der Stamm harmonisch aus dem Stelzwurzelbereich entwickelt und nicht einfach auf die freigelegten Wurzeln aufgesetzt erscheint. Andererseits ist darauf zu achten, daß sich Stammlinienführung und Stelzwurzelbereich gegeneinander absetzen. Auch sollten sich nicht alle Wurzeln in einem kleinen Bereich vereinigen.

Wahl der Schale

Schalenform und -größe sind abhängig von der Stilart, in der der normale oberirdische Baumbereich gestaltet ist. Die Stelzwurzeln sind zwar das Gestaltungselement, von dem sich der Name der Grundstilart ableitet, sie spielen aber nur eine untergeordnete Rolle bei der Auswahl der Schale.

Gestaltung eines Neagari

Das wesentliche Augenmerk liegt auf der Ausarbeitung der langen, kräftigen Stelzwurzeln. In den meisten Fällen wird man bei einem Ausgangsbaum wohl kaum ein Wurzelwerk vorfinden, welches direkt als Stelzwurzeln gelten kann. Selbst wenn genügend dicke und vor allem lange Wurzeln vorhanden sein sollten, kann man diese nicht einfach auf ganzer Länge freilegen. Die Wurzeln werden fast immer eintrocknen.

Es ist nicht besonders schwierig, aber recht zeitaufwendig, die langen Wurzeln für einen Neagari zu erziehen. Außerdem ist die Ausfallrate unter den Bäumen verhältnismäßig hoch:

Für die Erziehung des Wurzelstamms benötigt man entweder ein sehr tiefes Pflanzgefäß oder eine aus Brettern für diesen Zweck gezimmerte, schlanke Kiste. Die Kiste sollte so hoch gefertigt werden, wie die Wurzeln lang werden sollen. Der Grundriß der Kiste ist quadratisch. Die Holzkiste bleibt sowohl oben als auch unten offen. Die Bretter sollten so angeordnet sein, daß man sie nach und nach von oben her entfernen kann. Im Laufe der Zeit verkleinert man die Kiste in der Höhe und vergrößert dadurch den Bereich an freigelegten Wurzeln von oben her.

Die ausgewählten Pflanzen sollten einen reichgegliederten Wurzelballen haben. Eine dominante Pfahlwurzel wird auf jeden Fall entfernt. Nun lockert man den Wurzelballen, so daß die Wurzelbärte lang herabhängen.

In ein Pflanzgefäß wird humose Erde gefüllt und die Holzkiste auf der Erdoberfläche fest verankert. Den Baum hält man mit der einen Hand so in die Kiste, daß die Wurzeln lang herabhängen. Mit der anderen Hand wird eine Erde eingefüllt, die zum größten Teil aus scharfem Sand besteht. Diese Erde speichert nur wenig Wasser und Nährstoffe, wodurch die Wurzeln gezwungen werden, lang auszuwachsen. Sobald die Wurzelspitzen die humose Erde in dem Pflanzgefäß erreicht haben, finden sie dort genügend Wasser und Nährstoffe vor und werden sich reich zu verzweigen beginnen.

Beim Einpflanzen des Baumes achten wir darauf, daß alle Wurzeln bis zum bisherigen Stammfuß mit Erde bedeckt sind.

Natürlich wird das Längenwachstum und anschließende Dickenwachstum der Wurzeln unterstützt, indem der Neuaustrieb der oberirdischen Baumteile nur mäßig beschnitten wird. Im nächsten Frühjahr können wir die erste, etwa 3 Zentimeter hohe Bretteretage entfernen und vorsichtig den oberen Wurzelbereich freilegen. Sind die Wurzeln noch zu dünn oder flexibel, um den oberirdischen Baumbereich zu stützen, müssen wir Stützstäbe einsetzen.

Schon nach kurzer Zeit beginnen die dickeren Wurzeln auszuhärten und eine Rinde zu bilden, während die feinen Wurzeln abtrocknen. Nun kann die nächste 3 Zentimeter hohe Bretteretage freigelegt und durch Stützstäbe stabilisiert werden. In den nächsten Jahren verfahren wir in gleicher Weise, bis die gewünschte Wurzellänge freigelegt ist. Es wird insgesamt etwa fünf Jahre dauern, bis der ganze Wurzelstamm freigelegt und die Wurzeln durch entsprechendes Dickenwachstum genügend Stabilität zur Stützung des Baumes erlangt haben.

Die Trauerform

Jap.: Shidare-Zukuri

Wer ist nicht beeindruckt von einer mächtigen alten Trauerweide (*Salix babylonica*), die als landschaftsprägender Baum auf einer großen Weide oder an einem lang-

sam dahinfließenden Bach steht? Der dicke Stamm, die tiefrissige Borke und die kräftigen, gebogenen Äste sind hinter dem dichten Schleier der weit überhängenden Zweige häufig nur noch zu erahnen. Was liegt da näher als der Wunsch, einen Bonsai mit gleicher Ausdrucksstärke zu gestalten?

Definiert ist die Trauerform durch das Zusammenspiel eines dicken Stammes mit kräftigen Ästen und den feinen Zweigen, die weit herabhängen. Die Grundform ist in der Regel frei aufrecht, kann aber in Ausnahmefällen auch streng aufrecht sein. In beiden Fällen ist auf die gute Erarbeitung eines kräftigen Stammfußes zu achten. Die Äste bilden zum Stamm einen Winkel von 45° und kleiner, gehen

Die Trauerweide (*Salix babylonica*) ist besonders für die Gestaltung einer Trauerform geeignet.

eine Strecke weit nach oben, um schließlich in eine sanfte Biegung überzugehen. Vornehmlich an der Oberseite, an beiden Seiten und an der Spitze der Biegung entspringen die feinen, weit überhängenden Zweige.

Wahl der Schale

Für eine Trauerform mit frei aufrechter Grundform eignen sich recht großflächige, sehr flache ovale Schalen. Auch mit einem Steintablett läßt sich die abgerückte Grundstimmung der Pflanzung sehr gut vermitteln. Will man die Stimmung einer an einem Bach stehenden Trauerweide vermitteln, sollte der Stamm leicht gelehnt plaziert werden, wobei die Neigung zum größeren Freiraum auf der Erdoberfläche weisen sollte.

Ist die Grundform eher streng aufrecht, eignen sich flache, ovale oder rechteckige Schalen sehr gut. Die Breite der Schale entspricht hier zwei Dritteln der Baumhöhe.

Gestaltung einer Trauerform

Hauptbaumart für die Gestaltung einer Trauerform ist die Trauerweide (*Salix babylonica*). Aber auch Birken (*Betula pendula*), Birkenfeigen (*Ficus benjamina*) und Tamarisken (*Tamarix chinensis*) lassen sich gut in dieser Grundstilart gestalten.

Die Tamarisken sind Laubbäume mit winzig kleinen Blättern, die den dünnen, überhängenden Zweigen ganz dicht anliegen.

Weniger schön sehen meiner Meinung nach die sogenannten „Trauerformen" anderer Baumarten aus. Hier sind von den verschiedensten Baumarten (beispielsweise von der Rotbuche) Zuchtformen entwickelt worden, deren Äste herabhängen.

Die Gestaltung ist bei allen genannten Arten etwa gleich. Auch lassen sich die genannten Arten gut von größeren Bäumen abmoosen. Besonders einfach geht das bei der Trauerweide. Hier können bis zu armdicke Äste innerhalb eines Jahres bewurzelt werden.

Zunächst erarbeitet man die Grundform des Baumes. Der Stamm sollte bereits die für die Art typische Rindenstruktur eines älteren Baumes haben, bevor wir beginnen, lange, dünne Triebe in die hängende Form zu übertragen. Die Äste sind in gleicher Weise angeordnet, wie sie für die jeweilige Grundform typisch sind und werden in einem Winkel von 45° und weniger vom Stamm abzweigend nach oben gedrahtet.

Das obere Ende jedes Astes wird nun halbkreisförmig oder halboval und die daran befindlichen langen, dünnen Zweige werden herabhängend gedrahtet. Die Trauerzweige der oberen Äste sollten dabei bis über die unteren Zweige herabhängen. Einzelne Trauerzweige dürfen sogar fast den Boden berühren. Zusätzlich sind alle Zweige und Blätter auf der Unterseite der Äste zu entfernen.

Zum Winterende erfolgt der Formerhaltungsschnitt, wobei alle Trauertriebe auf zwei bis drei Knospen zurückgeschnitten werden müssen. Läßt man die Triebe mehrere Jahre wachsen, werden sie zu dick und stören das Bild der Trauerform. Für diese Form sind gerade die dünnen Trauertriebe das typische Gestaltungsmerkmal.

Um den Baum nicht zu ausladend werden zu lassen, sollte alle drei bis fünf Jahre zusätzlich bis ins alte Holz zurückgeschnitten werden.

Steinpflanzungen

Berge und Felsen haben für die Menschen in Japan und China eine große Bedeutung. Neben dem landschaftsbestimmenden

Eine Gruppe von Zelkoven (*Zelkova carpinifolia*) wachsen mit ihren Wurzeln über einen Felsen.

Charakter verkörpern sie häufig eine tief religiös philosophische Symbolik. Wir denken dabei beispielsweise an die Stellung des Fuji-Yama oder besser Fuji-San in der Mythologie Japans. Mit dem Namenszusatz „San" für „der Ehrenwerte" erlangt der Berg sogar eine Personifizierung. Auch liegen viele der bedeutendsten Klöster auf Bergkuppen, an Bergklippen oder in Bergtälern, weil sich die Götter hierher zurückziehen.

Ist es da verwunderlich, daß die Berge auch eine bedeutende Rolle in den verschiedensten Kunstrichtungen spielen? Jeder kennt die großartigen Landschaftsmalereien mit ihren imposanten, fast unwirklichen Bergen.

Berge und Felsen spielen in der Bonsai-Kultur eine große Rolle. Einerseits können Felsen Bestandteil einer Bonsai-Pflanzung sein, andererseits werden in Japan interessant geformte Steine gemeinsam mit Bonsai präsentiert.

Diese Einzelsteine nennt man „Sui-Seki", was etwa „geriebener Stein" heißt. Wertvolle Sui-Seki werden in der Natur gefunden und weitgehend unbehandelt gelassen. Lediglich die Bodenfläche wird unter Umständen gerade abgeschnitten. Muß der Stein nach Steinmetzmanier erst noch geformt werden, ist er wertlos.

In der Bonsai-Gestaltung bringt man mit der Verwendung von Steinen ein weiteres, aussagekräftiges Element ein. Steine können neben dem Baum in die Erde eingesenkt werden, will man die Erdoberfläche interessanter gestalten.

Steine können aber auch direkt mit Bäumen kombiniert werden, indem entweder die Wurzeln des Baumes den Stein umklammern oder der Stein mit Bäumen bepflanzt wird. Beide Variationen gelten in der Bonsai-Gestaltung als eigene Grundstilarten.

In beiden Fällen werden nur verwitterungsbeständige, dunkle Gesteine verwendet. Als Farben sind alle Grautöne und dunklen Brauntöne erlaubt. Einzelne Quarzadern können den Stein interessanter machen. Sie können beispielsweise Wasserfälle symbolisieren. Ungeeignet sind alle Sedimentgesteine, aber auch Marmor und stark quarzhaltige Gesteine. Sedimentgesteine sind nicht verwitterungsbeständig, während Marmor und Quarz sich wegen ihrer leuchtenden Oberflächen zu sehr in den Vordergrund drängen.

Die Wurzeln umklammern den Stein

Jap.: Seki-Joju

Wie der Name schon sagt, gehen bei dieser Grundstilart Stein und Baum eine untrennbare Verbindung ein. Kräftige Wurzeln des Baumes umklammern den Felsen, ehe sie sich in die Erde in der Bonsai-Schale erstrecken.

Struktur des Felsens

Schon mit der Auswahl des Felsens fällt man eine wichtige Entscheidung über die Gesamtaussage der Gestaltung. Der Fels sollte von allen Seiten, vor allem der Vorderseite, interessant geformt sein. Muß der Stein noch bearbeitet werden, sollten die Spuren später nicht sichtbar sein.

Bei der Struktur des Felsens orientiert man sich an der natürlichen Verbreitung der Baumarten im Gebirge, die wir in die Felspflanzung einbringen wollen.

Nadelbäume, wie Kiefern oder Wacholder, haben ihre Hauptverbreitung in den Höhenlagen der Gebirge. Hier nagen die Naturgewalten extrem an den Felsen, so daß wir für Nadelbäume besonders stark zerklüftete Felsen auswählen.

Laubbäume, wie Buchen, Eichen und Ahorne, kommen im Gebirge erst in mittleren Lagen vor. Entsprechend sind die Felsen weniger stark zerklüftet, aber immer noch mit den Spuren der Erosion versehen. Auf ihrem Weg in den Ebenen sind die Felsen kaum noch mit scharfen Kanten ausgestattet, sie sind runder geschliffen. Für Zelkoven, Weiden, Pap-

peln und Birken kommen nur wenig strukturierte Felsen in Frage.
In jedem Fall sollten die Felsen Rinnen haben, in denen sich die dicken Wurzeln anschmiegen können.

Fest umklammern die Wurzeln des Dreispitzahorns (*Acer buergerianum*) den „L"-förmigen Felsen.
(Bonsai-Sekai, Japan)

Form des Felsens und Plazierung des Baumes

Bevorzugt werden asymmetrische Felsen verwendet, wobei die Basis des Felsens auch den breitesten Bereich bilden sollte. Die Hauptbewegungsrichtung des Steines kann horizontal, vertikal oder auch „L"-förmig sein.

Horizontale Steine erheben sich zu einer Seite ansteigend aus dem Boden der Schale. Langweilig wirkt es hingegen, wenn der Stein eine gleichmäßig erhobene Fläche bildet. Der Baum wird vorzugsweise ein Drittel von einer der beiden Felsenden entfernt plaziert.

Vertikale Felsen erheben sich von einer breiteren Basis in die Höhe, wobei das obere Ende des Felsens schmaler als die Basis sein sollte. Eine der beiden Seiten des Steines geht weniger steil in die Höhe. Auf dieser Seite wird irgendwo der Baum den Fels umklammern. In der Nähe oder auf der Felsspitze darf nur ein Baum wachsen, der fast wie eine Halbkaskade geformt ist.

„L"-förmige Steine werden so in der Schale plaziert, daß der kürzere Schenkel sich aus dem Boden zu entwickeln scheint, während der längere Schenkel vertikal ausgerichtet ist. Der Baum befindet sich hier auf dem kürzeren Schenkel.

Fest umklammern die Wurzeln des Dreispitzahorns (*Acer buergerianum*) den vertikalen Felsen.
(Besitz: DIE GALERIE/Bonsai Rüger, Schöneck)

Wahl der Schale

Zu dieser Stilart passen nur flache, ovale oder rechteckige, zurückhaltende Schalen. Die Schale richtet sich nach der Größe des Felsens und muß mindestens einen so großen Durchmesser haben, daß die Felsbasis maximal zwei Drittel seiner Oberfläche bedeckt.

Bei vertikalen Felspflanzungen ist die Schalenbreite etwa zwei Drittel der Felsenhöhe.

Der optische Schwerpunkt des bepflanzten Felsens liegt ungefähr ein Drittel von einer der beiden Schalenseiten entfernt.

Gestaltung eines Seki-Joju

Einen Baum dazu zu bringen, einen Felsen mit seinen Wurzeln zu umklammern, ist verhältnismäßig einfach, erfordert lediglich einige Zeit. Wir beginnen mit der Bepflanzung des Felsens im Frühjahr zur normalen Umtopfzeit.

Zunächst halten wir die in Frage kommende Pflanze an verschiedene Stellen des ausgewählten Felsens und legen so den am stärksten harmonisch wirkenden Platz für den Baum fest. Falls nicht vorhanden, meißeln wir einige interessant verlaufende Rinnen, durch die sich die Wurzeln nach unten bewegen sollen, in die Flanken des Felsens.

Nun wird der Wurzelballen des Baumes vollständig von Erde befreit und die Wurzeln entfilzt. Ein kräftiger Strahl aus dem Gartenschlauch kann hier hilfreiche Dienste leisten.

Der Baum wird auf die vorher festgelegte Stelle auf dem Felsen gesetzt und seine Wurzeln so um den Felsen gelegt, daß sie dem Verlauf der Rinnen folgen. Damit die Wurzeln in ihrer neuen Lage fixiert werden, umwickeln wir Wurzeln und Fels so weit mit Bast, daß die unteren Wurzelenden frei bleiben. Sollten die Wurzeln noch nicht über die Basis des Felsens hin-

Der Dreispitzahorn (*Acer buergerianum*) hat die Form einer Halbkaskade und wurde daher auf die Spitze des Felsens gesetzt.
(Besitz: DIE GALERIE/Bonsai Rüger, Schöneck)

abreichen, müssen sie in der Folgezeit ungehindert weiterwachsen können.
Für die weitere Behandlung des Seki-Joju gibt es zwei praktikable Methoden:
1. Im Garten heben wir ein Loch aus, welches etwas tiefer als die Felspflanzung bis zum Stammfuß des Baumes ist. Ersatzweise können wir auch einen schlanken Pflanzcontainer entsprechender Tiefe verwenden. Fels und aufgesetzter Baum werden in das Loch eingesenkt und das Loch mit Erde bis zum Stammfuß des Baumes aufgefüllt.
Je stärker wir in der Folgezeit den Baum wachsen lassen, um so schneller wachsen und verdicken sich die Wurzeln. Nach etwa zwei Jahren wird die Felspflanzung

ausgegraben, der Bast entfernt und in eine Schale umgesetzt. Voraussetzung dafür ist natürlich, daß die Wurzeln bereits so weit herabreichen.

Damit sich die Wurzeln langsam aushärten können, werden die Wurzeln um den Felsen mit der Erdmasse für Felspflanzungen (siehe Seiten 118 ff.) bestrichen. Nach und nach wird die Erde von oben nach unten fortschreitend abgespült.

2. Wir verwenden eine Holzkiste, wie wir sie für die Erziehung des Wurzelstammes verwendet haben (siehe Seite 108).

Wie vorher beschrieben, werden Stein und Baum in die Kiste eingepflanzt. Nun wird alle zwei bis drei Monate eine Bretteretage von oben her entfernt und die Erde fortgespült. Die freigelegten Wurzeln härten aus, während die mit Erde bedeckten Wurzeln weiterhin wachsen können. Erst wenn bis zum beabsichtigten Bereich die Wurzeln freigelegt sind, wird in die endgültige Bonsai-Schale umgesetzt.

Sollten die Wurzeln zu Anfang noch sehr dünn sein, beginnen wir mit dem Freilegen der Wurzeln erst im zweiten Jahr. Wurzeln verdicken sich besonders schnell, solange sie mit Erde bedeckt sind.

Pflanzung auf einem Felsen

Jap.: Ishi-Tsuki

Bei dieser Stilart werden die Bäume auf den Felsen gepflanzt, die Wurzeln erreichen also nicht die Erde in einer Schale. Entsprechend müssen auf dem Fels Vertiefungen vorhanden sein, die die Baumwurzeln und genügend Erde zur Versorgung des Baumes oder der Bäume aufnehmen können.

Verwenden wir einen Fels mit Spalten oder poröser Struktur, wachsen die Wurzeln im Laufe der Zeit dort hinein und verbinden sich untrennbar mit dem Felsen.

Die Bäume können in den folgenden Jahren also nicht normal umgetopft werden. Dennoch muß auch hier die Erde von Zeit zu Zeit ausgetauscht werden. Die ausgelaugte Erde wird entweder mit einem kräftigen Wasserstrahl ausgespült oder vorsichtig ausgekratzt, ohne dabei die Wur-

zeln zu verletzen. Anschließend wird der Pflanzbereich wieder hinreichend mit der Erdmasse für Felspflanzungen bestrichen (siehe Seite 118).

Sind die Bäume nicht fest mit dem Felsen verwurzelt, kann ganz normal wie bei einer Schalenpflanzung umgetopft werden.

Optische Wirkung

Je nach dem Größenverhältnis zwischen Fels und Bäumen können wir ganz unterschiedliche Szenen darstellen.

Wird ein großer Fels mit kleinen Bäumen bepflanzt, erhalten wir eine optisch weit entfernte Berg- oder Insellandschaft. Bepflanzen wir denselben Felsen hingegen mit größeren Bäumen, bekommen wir eine Berg- oder Inseldarstellung, die optisch nähergerückt ist.

Felsenpflanzung mit einem Igelwacholder als
Hauptbaum.
(Besitz: Bonsai-Centrum, Heidelberg)

Große, flache Steinplatten vermitteln uns
den Eindruck einer flachen Insel im wei-
ten Ozean oder eines Plateaus im Hochgebirge, je nach Art der Bepflanzung. Verwenden wir Laubbäume, so ist es die
Insel, während Kiefern auf der Steinplatte
der Hochgebirgslandschaft entsprechen.

Vorbereitung des Felsens

Die Basis des Felsens sollte für eine stabile
Standfestigkeit eben sein. Meist wird dazu
die Basis des Felsens gerade geschliffen.
Sind auf dem Felsen für die Aufnahme der
Baumwurzeln keine Vertiefungen vorhan-
den oder sind diese nicht tief genug, müs-

sen wir zum Steinmetzwerkzeug greifen.
Gleichzeitig sollten wir bei nicht porösem
Gestein darauf achten, daß die Pflanzbereiche über eine Möglichkeit verfügen,
überschüssiges Gießwasser abfließen zu
lassen. In den Senken besteht sonst die
Gefahr der Staunässe. Bei porösem, zer-
klüftetem Gestein besteht diese Gefahr
nicht, da das überschüssige Wasser über
die Spalten ablaufen kann.
Zur Fixierung der Bäume müssen Draht-
schlaufen angebracht werden. Diese können entweder mit einem wasserfesten
Zweikomponentenkleber oder mit Bleistücken befestigt werden. Bei der
Methode mit dem Zweikomponentenkleber legen wir über die Mitte der Draht-
schlaufe einen Streifen Fiberglas und be-
streichen den Bereich gut mit dem Kleber.
Für die Methode mit den Bleistücken
müssen in dem Stein Spalten vorhanden

sein, in die wir das Blei einschlagen können. Aus Bleiblech schneiden wir uns entsprechende Streifen zurecht und wickeln
den Streifen um die Mitte der Draht-
schlaufe. Mit einem Hammer und einem
Punzeisen wird das Blei anschließend in
die jeweilige Spalte geschlagen.

Pflanzmasse für Felspflanzungen

Die Erde für Felspflanzungen muß gut an
dem Felsen kleben können, ohne
anschließend durch das Gießwasser abgespült zu werden. Dazu mischen wir ein
Teil Lehm mit zwei Teilen Torf, feuchten
mit Wasser an und kneten daraus eine plastische Masse. Die Masse hat den richtigen Feuchtegrad, wenn wir daraus etwa
zwei Zentimeter dicke Würste rollen können.
Übrigens läßt sich diese Masse auch gut
bei der Bepflanzung von Steintabletts verwenden. Hier formen wir aus der Masse
um den eigentlichen Pflanzbereich herum
einen Erdwall, der nun die Funktion des
Schalenrandes einer normalen Schale hat.

Pflanztechnik

In die vorbereiteten Pflanzbereiche streichen wir eine Lage der Pflanzmasse. Die
Bäume erhalten lediglich einen mäßigen
Wurzelschnitt und werden auf die Pflanzmasse gedrückt. Die Fixierungsdrähte
werden über den Wurzelballen gelegt
und die Drahtenden fest miteinander verdreht. Nachdem alle Fixierungsdrähte
angelegt sind, darf der Baum nicht mehr
hin und her wackeln können.
Nun wird der Pflanzbereich mit der
Pflanzmasse vollständig aufgefüllt, wobei
wir aber darauf achten, daß der Wurzelfuß
weiterhin gut sichtbar bleibt.
Damit die Erde beim Gießen nicht fortgespült wird und zur optischen Verbesserung, legen wir flache Moospolster über
die Wurzelbereiche. Die Moospolster

werden vorher gut mit Wasser angefeuchtet. Zur Fixierung der Moospolster stek-
ken wir aus dünnem Bonsai-Draht „U"-för-
mig gebogene Krampen in die Polster.

Standort und Pflege eines Ishi-Tsuki

Da die Bäume nur einen sehr begrenzten
Wurzelraum mit nur wenig Erde haben,
besteht die große Gefahr, daß die Bäume
unter Wassermangel leiden. Entsprechend häufig muß die Pflanzung über-
sprüht werden.
Zur Verringerung der Wasserverdunstung
und gleichzeitigen Erhöhung der Luftfeuchtigkeit ist es ratsam, die Steinpflan-
zung über einem größeren Wassergefäß
aufzustellen. Vor allem bei porösem Felsen darf die Pflanzung nicht direkt im
Wasser stehen, da durch die Kapillarkräfte
das Wasser durch den Felsen nach oben
steigen kann. Dadurch könnte es zu Staunässe kommen.
Auf Ausstellungen werden Steinpflanzun-
gen in speziellen, großflächigen, flachen
Schalen stehend präsentiert. Diese Schalen haben keine Wasserabzuglöcher und
sind auch im Schaleninnenraum glasiert.
Stellt man eine Felspflanzung in eine tief-
blau glasierte Schale, dem Symbol für
Wasser, so hat die Pflanzung jetzt die
Bedeutung einer Insel in einem See. Füllt
man um den Stein herum in die Schale feinen, weißen Sand, erscheint das Bild eines
Berges aus der Vogelperspektive, von
dem nur der Gipfel aus dem Nebel her-
ausragt.

Mehrstämmige Grundstile

Bei diesen Grundstilen wachsen mehrere
bis viele Stämme aus einem gemeinsamen Wurzelsystem. Je nach Anzahl der
Stämme und Art des Wurzelsystems
unterscheidet man:

1. Doppelstamm, jap.: Sokan
2. Mehrfachstamm, jap.: Kabudachi
3. Schildkrötenpanzer, jap.: Korabuki
4. Floßform, jap.: Ikadabuki
5. kriechende Form, jap.: Netsuranari

Der Doppelstamm

Jap.: Sokan

Hier wachsen zwei Stämme aus einem gemeinsamen Wurzelsystem. Obwohl es sich um zwei Stämme handelt, bilden sie

formal und optisch eine Einheit. Immer sind beide Bäume im selben Stil gestaltet, und ihre Astanordnungen ergänzen einander. Grundsätzlich können die beiden Stämme in allen Stilarten gestaltet sein, wie wir sie schon bei den Einzelbäumen kennengelernt haben, nur eben beide in demselben Stil.
Die beiden Bäume sind unterschiedlich hoch und dick, wobei der dickere auch gleichzeitig der höhere Baum sein muß. In

Japan wird dieser Stil auch „Vater-und-Sohn-Stil" genannt. Der kleinere Baum kann zwischen einem Drittel und zwei Drittel der Baumhöhe des größeren Baumes haben.
Die beiden Bäume stehen sehr nahe zusammen und bilden an ihrer Basis einen sehr spitzen, „V"-förmigen Winkel. Auf keinen Fall dürfen sich die Stämme an ihrer Basis „U"-förmig voneinander weg bewegen. Sind Stammbiegungen vorhanden, sollten die Schwünge der beiden Stämme aufeinander abgestimmt sein.
Die Astanordnungen der beiden Stämme ergänzen einander, und wir können die Hauptäste auf beide Stämme verteilen. So werden der erste Ast und der Rückseitenast an dem größeren der beiden Bäume wachsen, während der kleinere Baum den zweiten Ast trägt. Im Prinzip können wir diesem Dreierrhythmus von unten nach oben weiter folgen, ohne dabei zu formalistisch vorzugehen. Wichtig ist, daß die Silhouette beider Bäume gemeinsam ein gleichschenkliges Dreieck bildet.
Da das stilbildende Element der Stammursprung aus einem gemeinsamen Wurzelbereich ist, muß das auch deutlich zu sehen sein. Wichtig ist also ein kräftiger Wurzelhals, dessen einzelne Wurzeln sternförmig von der Basis wegstreben.

Wahl der Schale

Die Form und Größe der Schale richtet sich nach dem Stil, in dem die beiden Stämme gestaltet sind. So wählen wir zum Beispiel für einen Doppelstamm-Bunjingi eine flache, runde Schale, während für eine Doppelstamm-Halbkaskade eine tiefe, quadratische Schale richtig ist.
Meist sind aber die Doppelstämme in streng oder frei aufrechter Form gestaltet, so daß eine flache, ovale oder rechteckige Schale gewählt wird. Die Schalenhöhe entspricht hier der gemeinsamen Stammdicke im Stammfußbereich.

Die Äste der beiden Stämme der Stewartie (*Stewartia monadelpha*) im Sokan-Stil sind insgesamt so angeordnet wie bei einem Einzelbaum.
(Bonsai-Sekai, Japan)

Gestaltung eines Doppelstammes

Als Ausgangspflanze eignet sich gut ein Mehrfachstamm, wie wir ihn durch die spezielle Stecklingsvermehrungs-Methode (siehe Seiten 26 ff.) erzogen haben. Wir schneiden bis auf die zwei schönsten Stämme alle anderen Stämme im Wurzelhalsbereich ab und erziehen diese weiter zu einem Doppelstamm. Steht eine so vermehrte Ausgangspflanze

Bei dem Fächerahorn-Doppelstamm (*Acer palmatum*) hat der kleinere Stamm nur etwa $\frac{1}{3}$ der Stammlänge des größeren Stammes.
(Besitz: Bonsai-Centrum Heidelberg)

nicht zur Verfügung, können wir in der Baumschule nach einer entsprechenden Pflanze suchen. Auch wird man mit etwas Finderglück Mehrfachstämme in der freien Natur finden können. Wird beispielsweise ein einzelner Stamm abgesägt oder durch Wildverbiß bis auf einen niedrigen Stumpf eingekürzt, kann aus dem Stumpf ein Austrieb von vielen neuen Schößlingen erfolgen. Werden nun nur noch zwei Stämme belassen und geformt, hat man nach einigen Jahren einen aussagekräftigen Doppelstamm.

Eine weitere, gut anwendbare Methode ist das Abmoosen (siehe Seiten 29 ff.). Man wählt hierfür eine Pflanze mit sehr niedrig ansetzendem ersten Ast aus. Wichtig ist, daß der Ast noch genügend Biegsamkeit hat, um mit Hilfe von Draht in den richtigen Winkel zum Stamm gebogen zu werden. Die Winkelkorrektur sollte entweder vor oder nach dem Abmoosen erfolgen, nicht aber während des Abmoosens. Im Bereich des Astansatzes wird der neue Wurzelbereich erzeugt. Ein guter Abmoosungsbereich kann auch eine Astgabel sein. Auch hier muß meist der Winkel vor oder nach dem Abmoosen durch eine Drahtung korrigiert werden. Sind beide Äste der Astgabel etwa gleichstark, muß nach dem Abmoosen in den nächsten Jahren durch eine Wachstumsförderung des einen Stammes die unterschiedliche Stammdicke erarbeitet werden.

Eine weitere Methode ist das Anplatten zweier Stämme derselben Art im Stammfußbereich. Hierzu wird an beiden Stämmen im geplanten Vereinigungsbereich ein Rindenstreifen bis zum Holz entfernt. Um einen guten „V"-förmigen Winkel zwischen den beiden Stämmen zu erzielen, wird man meist auch etwas Holz flach abschälen müssen. Die beiden Schnitte müssen so angelegt sein, daß beim Zusammenfügen die Kambiumbereiche beider Stammwunden genau aufeinanderliegen. Mit einem Wundverschlußmittel werden die Wundränder geschützt und die Anplattstelle mit Bast zur Absicherung umwickelt. Nach ein bis zwei Jahren sind die beiden Bäume miteinander verwachsen.

Die Mehrfachstämme

Jap.: Kabudachi

Bei dieser Stilart wachsen aus einem gemeinsamen zentralen Wurzelbereich eine ungerade Anzahl unterschiedlich starker Stämme. Es können also drei, fünf, sieben, neun und mehr Stämme miteinander vereinigt sein.

Wie beim Doppelstamm sind alle Stämme des Mehrfachstammes in demselben Stil geformt. Im Prinzip ist die Anordnung der Stämme wie bei der Waldform (siehe Buch „Bonsai Grundkurs", Seite 139), nur daß beim Kabudachi die Stämme viel näher beieinander stehen.

Sechs Stämme unterschiedlicher Dicke gruppieren sich um den Hauptstamm.
(Mädchenkiefer, *Pinus parviflora;* Besitz: Gruga-Park, Essen)

Die Gefahr, daß sich einzelne Stämme, von der Vorderseite des Mehrfachstammes aus gesehen, verdecken oder überkreuzen, ist viel größer als bei der Waldpflanzung.
Wie bei der Waldpflanzung sind die dikkeren Stämme auch die höchsten. Haupt-

stamm und erster Nebenstamm sind mehr auf der Vorderseite der Pflanzung, während die niedrigeren, dünnen Stämme der Pflanzung Tiefenwirkung geben. Haupt- und erster Nebenstamm stehen nicht genau in der Mitte des Kabudachi, sondern mehr zu einer der beiden Seiten verschoben.
Bei der Gestaltung eines Kabudachi läßt es sich nicht vermeiden, daß einzelne Stämme stark zurückgeschnitten werden müssen. Der Schnitt sollte immer auf der Innenseite eines nach außen zeigenden

Zweiges oder einer außen liegenden Knospe erfolgen. Der nachfolgende Austrieb wächst entsprechend nach außen und man vermeidet, daß sich die Äste benachbarter Stämme überkreuzen oder in ihrer Entwicklung behindern.

Wie beim Doppelstamm bilden alle Äste und Kronen eine Einheit, wobei die Zuordnung der einzelnen Äste zu den jeweiligen Stämmen sichtbar bleiben sollte. Die Gesamtsilhouette bildet auch hier wieder ein oben abgeflachtes, ungleichschenkliges Dreieck.

Zur Erziehung eines Kabudachi eignen sich dieselben Methoden, wie sie beim Doppelstamm beschrieben sind (siehe Seiten 119 ff.).

Wahl der Schale

Für Mehrfachstämme eignen sich große, flache Landschaftsschalen in ovaler oder rechteckiger Form. Der größte Durchmesser der Schale richtet sich einerseits nach der Anzahl der Stämme und andererseits nach der Höhe des Hauptstammes. Meist wird man einen Schalendurchmesser wählen, der zwei Dritteln der Höhe des Hauptstammes entspricht.

Eine effektvolle Alternative zu einer Schale kann auch ein großflächiges Tablett aus Stein, gebranntem Ton oder steinartig gestaltetem Fiberglas sein.

Der Schildkrötenpanzer

Jap.: Korabuki

Die Pflanzungen im Stil des Schildkrötenpanzers sind ähnlich aufgebaut wie ein Mehrfachstamm. Im Gegensatz zum Kabudachi erhebt sich der gemeinsame Wurzelbereich beim Korabuki halbschalenförmig einige Zentimeter über dem Erdboden. Wie sein Name schon sagt,

erinnert die Form an einen Schildkrötenpanzer.

In Japan verwendet man für diese Stilart am häufigsten den Dreispitzahorn.

Ausgangsform ist dabei immer ein Kabudachi mit sehr gut ausgeprägter Wurzelhalsscheibe. Durch längsverlaufende Einschnitte mit einem scharfen Messer in diese Wurzelhalsscheibe während der Hauptwachstumszeit erzeugt man Wundverheilungsgewebe, welches sich immer stärker aufwölbt. Gleichzeitig legt man bei jedem Umtopfen den Wurzelhals weiter frei, so daß er sich immer weiter über den Erdboden erhebt.

Zur Auswahl der Schalen werden dieselben Prinzipien angewendet wie beim Kabudachi (siehe Seiten 122 ff.).

Die Erziehung von Ausgangspflanzen für den Korabuki-Stil erfolgt nach den Methoden, wie sie beim Doppelstamm beschrieben sind (siehe Seiten 119 ff.).

Die Floßform

Jap.: Ikadabuki

Die gemeinsame Wurzelscheibe der Dreispitzahorne (*Acer buergerianum*) bildet einen Schildkrötenpanzer.
(Besitz: DIE GALERIE/Bonsai Rüger, Schöneck)

Auch bei dieser Grundstilart wachsen mehrere bis viele Stämme aus einem gemeinsamen Wurzelsystem, nur daß hierbei die verbindende „Wurzel" langgestreckt ist. Die verbindende „Wurzel" ist der ehemalige Stamm eines umgestürzten Baumes, während sich die ehemaligen Äste zu eigenen Stämmen entwickelt haben. Sie stehen nun wie die Baumstämme eines Floßes nebeneinander, was dem Stil den Namen gab.

Der niedergelegte Stamm kann gerade oder gewunden sein. Bei gewundenem Stamm ist es leichter, Tiefenwirkung in der Gestaltung zu erzielen, während die gerade Stammführung das Wesen der Floßform deutlicher widerspiegelt. Die

einzelnen Stämme der gewundenen Variante entspringen hauptsächlich an den Höhepunkten der einzelnen Biegungen, wobei die Biegungen nicht gleichförmig sein sollten.

Es sollten mindestens fünf Äste die Stämme der neuen Gruppenpflanzung ergeben. Die einzelnen Stämme dürfen dabei nicht wie die Orgelpfeifen von einer Seite zur anderen von groß nach klein übergehen. Wie bei anderen Gruppenpflanzungen, sollte auch hier der Hauptbaum weder genau in der Mitte noch an einer der beiden Seiten plaziert sein. Hauptbaum und erster Nebenbaum befinden sich bevorzugt etwas mehr als ein Drittel von der ehemaligen Stammbasis entfernt, während wir in der Nähe der Stammbasis einen kleinen, untergeordneten Nebenbaum herausarbeiten.

Wahl der Schale

Um die Wirkung der langgestreckten Hauptbewegungsrichtung der Gestaltung zu unterstreichen, verwenden wir hauptsächlich flache, langgezogen rechteckige Schalen. Manchmal kann es bei der Variante mit gewundenem Stamm auch eine flache, ovale Landschaftsschale sein.

Gestaltung einer Floßform

Die Ausgangspflanze für die Floßform sollte einen langestreckten Stamm mit ausreichend vielen Ästen zumindest auf einer Stammseite aufweisen. Soll die Variante mit gewundenem Stamm gestaltet werden, muß der Stamm noch genügend Biegsamkeit haben.

Nach genauer Betrachtung entscheiden wir uns für eine Stammseite, deren Äste die zukünftigen Stämme darstellen sollen.

Igelwacholder (*Juniperus rigida*) in Floßform.
(Besitz: Bonsai-Museum, Heidelberg)

Hierbei kommen nur die Äste zur Gestaltung in Frage, die oberhalb des Stammradius liegen, da nur diese bei dem niedergelegten Stamm nachher deutlich aus ihm herauswachsen. Alle Äste auf der anderen Stammseite werden entfernt.

Die neuen Stämme werden mit Hilfe von Draht in eine aufrechte Position gebracht und in ihrem Stammverlauf korrigiert. Auch hier können die Stämme wieder in streng aufrechter, frei aufrechter und gelehnter Form, aber auch als Bunjingi gestaltet werden. Wieder sollten alle Stämme in derselben Stilrichtung geformt sein und sich in ihren Verläufen aufeinander beziehen.

Auf der Unterseite wird der niedergelegte Stamm bewurzelt. Dazu entfernen wir unter jedem neuen Stamm einen Rindenstreifen von der Breite des jeweiligen Stammdurchmessers. Zur Unterstützung der Bewurzelung werden die Stellen jeweils dünn mit Bewurzelungshormon bepudert.

Nun können wir den Stamm zur Bewurzelung in einen flachen Pflanzcontainer oder in eine mit Drainagelöchern versehene Holzkiste pflanzen. Als Pflanzerde eignen sich die Substrate, die wir auch für die Stecklingsvermehrung verwendet haben (siehe Seite 23). Da der alte Wurzelballen bis zur Neubewurzelung der Stammunterseite zur Versorgung der Pflanzung noch benötigt wird, lockern wir ihn auf und legen die Wurzeln in das Pflanzgefäß. Zur besseren Stabilisierung der Floßform haben wir zuvor einige Befestigungsdrähte durch die Unterseite des Pflanzgefäßes geführt, mit denen der Stamm in seiner neuen Lage fixiert wird. Nun wird mit Erde so weit aufgefüllt, daß der niedergelegte Stamm gerade mit Erde bedeckt ist. Bei einer zu großen Pflanztiefe besteht die Gefahr, daß sich Wurzeln auch an der Basis der neuen Stämme bilden, was dem Wesen der Floßform nicht entsprechen würde. Für einen guten

Der ehemalige Stamm der Mädchenkiefer
(*Pinus parviflora*) ist zur verbindenden Wurzel
für die Floßform geworden.
(Besitz: DIE GALERIE/Bonsai Rüger, Schöneck)

Bewurzelungserfolg muß die Floßform
jetzt immer gut feucht gehalten werden.
Eine Abdeckung der Erdoberfläche mit
Moos verhindert ein schnelles Austrocknen der Erde.
Nach ein bis eineinhalb Jahren haben sich
bei guter Pflege auf der Innenseite des
niedergelegten Stammes genügend neue
Wurzeln gebildet, so daß der alte Wurzelballen nicht mehr benötigt und entfernt

wird. Erst jetzt pflanzt man die neue Floßform in eine geeignete Bonsai-Schale um.
Der niedergelegte Stamm, das stilbildende Element, sollte auf ganzer Strecke
gut sichtbar präsentiert werden.

Die kriechende Form

Jap.: Netsuranari

Im Gegensatz zur Floßform gehen die
Stämme bei der kriechenden Form sternförmig von einem gemeinsamen Zentrum
aus. Sie stellt damit eine Mischform aus

dem Mehrfachstamm und der Floßform dar.

Diese Baumgestalt entsteht in der freien Natur, wenn sich sehr niedrig am Stamm ansetzende Äste knieartig zum Boden niederbiegen und sich im Erdauflagebereich bewurzeln. Dadurch entstehen kleine Gehölze, die aber nur aus einer einzigen Pflanze hervorgegangen sind und weiterhin miteinander verbunden bleiben.

Wieder gelten die Gestaltungsprinzipien für Mehrfachpflanzungen: ungerade Anzahl von Stämmen unterschiedlicher Dicke und Höhe; die Gestaltungsformen

der einzelnen Stämme entsprechen einander; die Anordnung der Stämme hat Tiefenwirkung; die Gesamtsilhouette ergibt ein einheitliches Bild.

Wahl der Schale

Neben den flachen Landschaftsschalen in ovaler und rechteckiger Form kommen hier auch flache, runde, sechseckige und achteckige Schalen in Frage. Die Wahl ist dabei abhängig von der Anordnung der einzelnen Stämme, deren Wirkung man verstärken will.

Während man bei den kreisförmigeren Schalen die Pflanzung genau in der Mitte der Schale plaziert, ist die Anordnung der Bäume bei ovalen und rechteckigen zu einer der beiden Seiten verschoben.

Mädchenkiefer (*Pinus parviflora*) als Netsuranari. (Besitz: Bonsai-Museum, Heidelberg)

Japanische Zierquitte (*Chaenomeles japonica*)
als kriechende Form.
(Besitz: Bonsai-Centrum, Heidelberg)

Gestaltung einer kriechenden Form

Als Ausgangspflanze kann hier ein Baum
dienen, der in einer Stammhöhe einen
Quirl aus vielen Ästen hat. Zunächst werden die Äste mit Hilfe von Draht so gebogen, daß sie zunächst eine Strecke weit
horizontal wachsen, um sich dann mit
starker Biegung vertikal weiter zu bewegen.
Im darauffolgenden Jahr wird der Stamm
unterhalb des Astquirls abgemoost (siehe
Seiten 29 ff.). Normalerweise sind nach
ein bis eineinhalb Jahren genügend Wurzeln vorhanden, daß die Neupflanzung
unterhalb der Bewurzelung vom alten
Stamm abgetrennt werden kann.
Nun müssen noch die Einzelstämme des
Netsuranari auf ihrer Unterseite bewurzelt werden. Dazu entfernen wir jeweils
einen Rindenstreifen, der dünn mit
Bewurzelungshormon bepudert wird.
Das weitere Vorgehen ist wie bei der Floßform beschrieben (siehe Seiten 124 ff.).

Sternförmig streben die einzelnen Stämme des
Igelwacholder (*Juniperus rigida*) in kriechender
Form von einem gemeinsamen Zentrum über
die Erdoberfläche und erwecken den Eindruck
eines kleinen Waldes.
(Besitz: DIE GALERIE/Bonsai Rüger, Schöneck)

Miniatur-Bonsai

Eine Größenklassifizierung von Bonsai vorzunehmen, ist recht schwierig, sind doch die Übergänge zwischen den einzelnen Größenklassen sehr fließend. In Japan hat es sich allgemein durchgesetzt, die Einteilung nach der Art des Transports vorzunehmen:

1. Fingerspitzen-Bonsai (jap.: keshitsubu = Mohnsamen-Bonsai) sind bis etwa 7,5 Zentimeter hoch. Ihre Schalen lassen sich ohne weiteres auf einer Fingerkuppe balancieren.

2. Miniatur-Bonsai (jap.: mame = Bohnensamen-Bonsai) haben bei einer Größe von 7,5 bis 15 Zentimeter mit ihrer kleinen Schale Platz in einer einzelnen Handfläche.

3. Klein-Bonsai (jap.: ko-mono = kleiner Gegenstand) sind 15 bis 30 Zentimeter groß. Ihre Schalen füllen eine ganze Hand aus.

4. Mittel-Bonsai (jap.: chu-mono = mittlere Größe) passen bei einer Größe von 30 bis 60 Zentimeter in eine Schale, die mit zwei Händen problemlos getragen werden kann.

5. Groß-Bonsai (jap.: dai-mono = großer Gegenstand) befinden sich bei einer Größe von 60 bis 120 Zentimeter in einer Schale, die von zwei, drei oder vier starken Männern getragen werden muß.

Die Zentimeterangaben bei dieser Einteilung sind vom Wurzelhals bis zur Kronenspitze des Baumes bemessen. Die Schalenhöhe wird also nicht berücksichtigt. Sicher ist es reizvoll, Bonsai in verschiedenen Größen zu gestalten, wobei es bei den ganz kleinen Bonsai am schwierigsten ist, den Eindruck eines großen Baumes zu vermitteln. Sowohl bei den Fingerspitzen-Bonsai als auch bei den Mame-Bonsai ist das Abstraktionsvermögen des Gestalters noch stärker gefordert als bei den anderen Bonsai-Größen. Hier wird der Baum auf die absolut notwendigsten Merkmale reduziert, wobei aber die gleichen Forderungen an eine ausgewogene Gestaltung gestellt werden müssen wie bei den anderen Bonsai-Größen.

Gestaltung und Pflege von Mini-Bonsai

Gerade wegen der Kleinheit dieser „Bonsai unter den Bonsai" müssen die richtigen Proportionen der verschiedenen Baumteile, wie die Kleinheit von Blüten und Blättern bzw. Nadeln, die Dicke von Früchten, die Länge der Internodien (Blattabstände) und die Feinheit der Verzweigung, besonders beachtet werden.

Mit Hilfe der auch im „Bonsai Grundkurs" beschriebenen Bonsai-Techniken können wir die Größe der Blätter oder die Länge der Nadeln mancher Baumarten mit ansonsten großem Laub reduzieren. So führt z. B. bei laubabwerfenden Arten ein Blattschnitt, zum richtigen Zeitpunkt durchgeführt, zu kleineren Blättern im Zweitaustrieb. Blüten und Früchte lassen sich hingegen nicht verkleinern.

Meiner Ansicht nach ist es unsinnig, aus großlaubigen Arten einen Mini-Bonsai zu gestalten. Manchmal wird versucht, solchen Bäumen Proportionen zu geben, indem lediglich die Anzahl der Blätter begrenzt wird. Hier soll nach der Meinung einiger Bonsai-Experten ein größeres Blatt einen ganzen Ast repräsentieren. Wie wenig diese Meinung wert ist, zeigt sich im Winter, wenn die Bäume kein Laub tra-

Granatapfelbaum (*Punica granatum*),
Höhe 13 cm.
(Bonsai-Sekai, Japan)

Bei Mädchenkiefern und Schwarzkiefern eignen sich besonders die Zwergzuchtformen mit dem Namenszusatz 'Nana' und 'Yatsubusa' als Mini-Bonsai. Natürlich gibt es auch von anderen Baumarten gezüchtete Zwergformen, die sich mehr oder weniger gut in diesen Bonsai-Größen gestalten lassen. In guten Baumschulen und Gartencentern wird zunehmend eine gute Auswahl an Zwergformen der unterschiedlichsten Baumarten angeboten. Durch Anwendung der normalen Gestaltungstechniken erzielt man aus solchen Zuchtformen sehr schöne Vertreter der Mini-Bonsai-Größen.

Die besten Resultate bei der Gestaltung von Mini-Bonsai erzielt man mit Sämlingen. Schon sehr früh kann man mit der Gestaltung der späteren Miniatur-Bonsai beginnen und dadurch eine feine Verzweigung erzielen. Gleichzeitig sind größere Narben zu verhindern, die bei so kleinen Bonsai besonders stark ins Auge fallen würden.

Bei Mohnsamen-Bonsai geht man fast immer vom Samen aus. Häufig wird dabei schon der Baumsamen in die winzige Schale gepflanzt, und nach dem Auflaufen des Samens beginnt man mit der Gestaltung des Winzlings.

Sollen Mini-Bonsai aus Stecklingen gezogen und gestaltet werden, muß man schon bei der Auswahl das spätere Gestaltungsziel im Auge haben. Entsprechend werden nur sehr kurze Stecklinge benutzt, die zusätzlich enge Internodien aufweisen.

Aber auch durch Abmoosen von geeigneten Ästen kann man sehr schnell zu einem guten Mini-Bonsai gelangen. Wird ein entsprechend gut aufgebauter Ast bewurzelt, hat man, bis auf den noch nicht vorhandenen Wurzelhals, schon recht schnell einen guten Mini-Bonsai. Reizvoll kann es auch sein, die ganze Krone eines zu lang geratenen Bonsai abzumoosen und als Mini-Bonsai weiterzugestalten.

gen. Spätestens jetzt wird deutlich, daß der kleine Baum mit dem Abbild eines großen Baumes nichts gemein hat.

Den überzeugendsten Erfolg bei der Gestaltung von Mini-Bonsai erzielt man sicherlich durch die Auswahl der richtigen Arten bzw. Zuchtformen. Gut zur Gestaltung von Mini-Bonsai eignen sich Ahorne (*Acer*), Zelkoven (*Zelkova*), Zwergmispeln (*Cotoneaster*), Feuerdorn (*Pyracantha*), tropische Feigen (*Ficus*), Granatapfel (*Punica granatum* 'Nana'), kleinblütige und kleinblättrige Azaleen und Rhododendren (*Rhododendron*), Buxbaum (*Buxus microphylla*), Zieräpfel (*Malus*), kleinblättrige Zierkirschen (*Prunus*), Wacholder (*Juniperus*), Fichten (*Picea*) und Sicheltannen (*Crytomeria*).

Miniatur-Bonsai können in auffälligere Schalen gepflanzt werden als die anderen Bonsai-Größen. Hier Japanische Schwarzkiefer, *Pinus thunbergii,* Höhe 15 cm, Halbkaskade.
(Bonsai-Sekai, Japan)

Spezielle Gestaltungsmethoden

Entscheidend für den Gestaltungserfolg ist der frühzeitige Rückschnitt des jeweiligen Austriebs.
Das Werkzeug sollte sehr scharf und dünn sein, damit sich bei den kleinen Bäumen das Schneiden möglichst unkompliziert gestaltet.

Rückschnitt bei Laubbäumen

Bei Ahornen beginnt die Formerhaltung mit einem Rückschnitt zum Winterende. Sobald sich im Frühjahr die Knospen leicht öffnen, biegt man die Deckschuppen vorsichtig auseinander und entfernt mit einer Blattschneiderpinzette bis auf das erste Blattpaar den Rest der neuen Triebspitze.
Zelkoven erhalten den Formerhaltungsschnitt ebenfalls im Winter. Neue Triebe läßt man im Frühjahr auf etwa vier Blätter wachsen und schneidet dann auf ein bis zwei Blätter zurück.
Cotoneaster und Pyracantha erhalten sofort nach der Blüte einen kräftigeren, formerhaltenden Rückschnitt. Da die nächstjährigen Blüten am diesjährigen Austrieb erscheinen, läßt man die neuen Triebe auf vier bis fünf Blätter heranwachsen und schneidet sie auf ein bis zwei Blätter zurück.
Bei Azaleen und Rhododendren erfolgt der stärkere Formerhaltungsschnitt nach der Blüte, wobei auch alle Fruchtansätze abgezupft werden. Den Neuaustrieb läßt man auf zwei bis drei Blätter heranwachsen und zupft dann die Triebspitzen ab.
Auch bei Zieräpfel und Zierkirschen erfolgt nach der Blüte ein deutlicher Rückschnitt. An einem kleinen Apfelbaum beläßt man nur wenige der sich bildenden Früchte, da zu viele Früchte den Baum nur unnötig schwächen würden. Ansonsten zupft man die Spitze des Neuaustriebs ab, sobald sich zwei bis drei Blätter gebildet haben. Lediglich bei kleinblättrigen Arten läßt man die Neutriebe auf fünf bis sechs Blätter heranwachsen und kürzt sie dann auf zwei bis drei Blätter ein.

Rückschnitt bei Nadelbäumen

Beim chinesischen Wacholder setzt man im Vorfrühling buschigere Triebe mit der Schere auf kürzere Nebentriebe zurück. Dadurch wird die Blattmasse auch gleichzeitig ausgedünnt, und die Laubpolster werden nicht zu dicht. Zartgrüne frische Triebe, die über die wolkenförmigen Laubpolster hinauswachsen, werden mit den Fingerkuppen zurückgezupft.

Igelwacholder werden in ihrem Wachstum begrenzt, indem die Triebspitzen abgezupft werden, wenn der neue Trieb etwa 2 Zentimeter lang ist. Aus den Blattachseln vieler Nadeln erfolgt ein Zweitaustrieb, dessen Triebspitze ebenfalls abgezupft wird. Die Nadeln am Erstaustrieb werden abgezupft, sobald sich die Knospen in den Blattachseln zu öffnen beginnen.

Bei Mädchenkiefern, Schwarzkiefern und Fichten erfolgt der Rückschnitt wie in meinem Buch „Bonsai Grundkurs" beschrieben.

In den meisten Fällen wird die Gestaltung von Mini-Bonsai durch Beschneiden erfolgen. Dennoch ist es manchmal notwendig, eine Korrektur mit Hilfe von Draht vorzunehmen.

Das Drahten von Mini-Bonsai kann sich manchmal als recht kompliziert erweisen. Entweder sind die Finger des Gestalters hinderlich oder die Triebe zu fein und dicht. Hier kann man sich häufig mit einer Pinzette behelfen, um den erforderlichen Draht um den Ast zu wickeln. Meist muß der angelegte Draht schon nach einem halben Jahr wieder entfernt werden.

Eine gute Alternative zum Drahten kann auch das Arbeiten mit Spanndrähten sein. Spanndrähte sind viel leichter anzulegen, als die Komplettdrahtung eines Astes.

Umtopfen, Gießen, Düngen und Standort

In den sehr kleinen Schalen ist nur wenig Raum für Erde und Wurzeln. Entsprechend ist die Erde sehr schnell erschöpft und die Schale mit Wurzeln ausgefüllt. Ein jährliches Umtopfen mit einem Wurzelschnitt und einem Austausch der Erde ist daher meist notwendig.

Beim Wurzelschnitt werden alle dicken Wurzeln aus dem Wurzelballen entfernt. Lediglich die dicken Wurzeln des Wurzelhalses bleiben als wichtiges Gestaltungsmerkmal erhalten. Da nur die feinen Wurzelspitzen den Baum mit Wasser und Nährsalzen versorgen können, müssen wir diese in ihrer Entwicklung begünstigen.

Eine körnige Erde fördert die frühzeitige Verzweigung der feinen Wurzeln und damit den Aufbau eines dichtverzweigten Wurzelballens. Gute Erfahrungen habe ich auch hier mit der japanischen Akadama-Erde gemacht. Ich verwende für meine Mini-Bonsai die Korngröße ein Millimeter, nachdem ich die Staubanteile mit einem Küchensieb sehr gut ausgesiebt habe.

Igelwacholder (*Juniperus rigida*), Höhe 17 cm, streng aufrechte Form.
(Bonsai-Sekai, Japan)

Das geringe Wasserspeichervolumen erfordert eine häufige Kontrolle der Bodenfeuchtigkeit. An heißen Sommertagen kann es erforderlich sein, mehrmals am Tag zu wässern. Wobei die Verdunstungsrate nicht zuletzt auch durch den Standort bedingt ist. Ein heller, aber sonnengeschützter Standort senkt die Verdunstungsrate deutlich gegenüber einem sonnenexponierten Standort. Hinzu kommt der Faktor Wind. Windige Standorte erhöhen die Verdunstung erheblich. Natürlich achten wir bei unseren Mini-Bonsai verstärkt auf die Vermeidung von Staunässe. Der kleine Wurzelballen wird schon bei geringfügiger Staunässe stark geschädigt. Wir achten also immer darauf, daß der Abfluß von überschüssigem Gießwasser durch die Löcher im Schalenboden gesichert ist. Die sehr niedrigen Schalenfüßchen heben den Schalenboden nur wenig von der Stellfläche ab, so daß sich schnell Wasserblasen unter den Schalenlöchern bilden. Auch wachsen sehr schnell Wurzeln durch die Löcher und verstopfen sie. Ein Entfernen dieser Wurzeln ist anzuraten.

Zur Erhöhung der Luftfeuchtigkeit um die Mini-Bonsai herum und gleichzeitig zur Verminderung der Wasserverdunstung aus dem Erdreich kann man auch mehrere Minis in eine Schale stellen, die mit feinem Hydrokulturgranulat gefüllt wurde. Hier eignen sich Schalen ohne Wasserabzuglöcher besonders gut. In die Schale wird nun soviel Wasser eingefüllt, daß es die Schalenböden der auf dem Hydrokulturgranulat stehenden Minis gerade nicht erreicht. Das aus dem Hydrokulturgranulat verdunstende Wasser erhöht nun die Luftfeuchtigkeit um die Mini-Bonsai.

Gedüngt wird in der Hauptwachstumszeit, vom Austrieb bis Ende August, mit einem stickstoffreduzierten Dünger alle zwei Wochen. Phosphat, Kalium und Spurenelemente sollten hingegen hinreichend in der Düngerlösung vorhanden sein.

Die Stickstoffarmut des Düngers ist erforderlich, um den Austrieb und die Blattgröße zu begrenzen. Stickstoff ist für verstärktes Wachstum verantwortlich.

Feuerdorn (Pyracantha angustifolia), Höhe 12 cm, frei aufrechte Form. (Bonsai-Sekai, Japan)

Schalen für Mini-Bonsai

Alle Schalenformen, die bei den anderen Bonsai-Größen verwendet werden, gibt es auch in den Größen für Mini-Bonsai. Für die Festlegung der Schalenform und die Schalenbreite gelten im Prinzip die allgemeingültigen Kriterien von Seiten 83 ff. Unterschiede gibt es aber bei der Festlegung der Höhe des Schalenrandes. Bei den Mini-Bonsai müssen wir Rücksicht auf die notwendige Mindest-Erdmenge nehmen, die der Baum unbedingt für eine ausreichende Versorgung braucht. Daher darf, vor allem bei runden Schalen, der Schalenrand auch etwas höher sein, als der Durchmesser des Stammes ist.

Besonders Laubbäume, als Mini-Bonsai gestaltet, wirken in Schalen mit auffälligeren Glasuren, mit Bemalungen oder mit üppigeren Verzierungen sehr gut. Bei Mini-Bonsai braucht man nicht so stark auf zurückhaltende Schalen achten wie bei den anderen Bonsai-Größen. Im Gegenteil kann manchmal eine dominierendere Schale die Wirkung des Mini-Bonsai verstärken.

Dreispitzahorn (*Acer buergerianum*), Höhe 15 cm, Wurzeln über den Fels. (Besitz: Bonsai-Centrum, Heidelberg)

Sortiment verschiedener Miniatur-Bonsai von Ivy Murray (GB) in einem speziellen Bonsai-Bord.

Präsentation von Mini-Bonsai

Bei Bonsai-Ausstellungen werden Mini-Bonsai häufig als Akzent- oder Komplementärpflanzen für größere Bonsai verwendet. Werden Mini-Bonsai selbst ausgestellt, stehen mehrere Bäume in einem gemeinsamen Bonsai-Bord.
Die Wirkung geht also nicht nur von einem einzelnen Baum aus, sondern immer von der Zusammenstellung der Gruppe. In dem Bord werden Schalen mit Gräsern und Kräutern in der untersten Etage aufgestellt. In der nächsten Etage folgen dann die Laubbäume, während die oberste Etage den Nadelbäumen vorbehalten bleibt. Im Prinzip folgen wir der Höhenstaffelung der Pflanzenarten im Hochgebirge.

Bonsai-Meisterwerke genau betrachtet

Nach jahrzehntelanger, geduldiger Gestaltungs-Arbeit wird aus einem unscheinbaren, jungen Baum ein Bonsai-Meisterwerk. Von Anfang an hat der Bonsai-Meister nur ein Ziel verfolgt: einen miniaturisierten Baum zu schaffen, der die Merkmale eines alten würdigen Baumes möglichst überzeugend vorträgt.

Sicher kann solch ein Meisterwerk nicht innerhalb weniger Jahre entstehen. Jahrzehnte sind erforderlich, damit sich die Merkmale des alten Baumes entwickeln können:

- Der Stamm hat eine gewisse Dicke erreicht.
- Die typische Borke ist herangereift.
- Stammfuß und Wurzelhals vermitteln den Eindruck, daß der Baum schon seit vielen Jahren fest verankert an seinem Standort steht.
- Äste und Krone sind fein verzweigt und zeugen von seiner ungebrochenen Vitalität.
- Vielleicht berichten auch entrindete Stammteile oder Äste von seinem Kampf mit den Naturgewalten.

Aber erst die sorgfältig ausgewählte Schale gibt der Gesamtgestaltung die endgültige Ausstrahlung. Sie hebt den Baum hervor, ohne sich selbst in den Vordergrund zu drängen. Ohne die richtige Schale kann kein Meisterwerk entstehen. Wie es Bonsai-Meistern gelungen ist, all diese Aspekte der Bonsai-Gestaltung umzusetzen, wollen wir uns an einigen herausragenden Beispielen genauer anschauen.

Vergängliches Holz und jugendliches Grün

Baum: *Juniperus chinensis,* Höhe 66 cm, frei aufrechte Form.
Schale: unglasiert, braungrau, Handarbeit aus Tokoname, Japan.

Beeindruckend bei dem etwa 100 Jahre alten chinesischen Wacholder ist das harmonische Zusammenspiel zwischen dem toten gebleichten Stamm und dem frischen Grün der lebenden Astpartien.

Der lebende Teil des Baumes ist nur auf einen schmalen Rindenteil reduziert. Ausschließlich über diesen Bereich wird der lebende Baumteil mit Wasser und Nährsalzen versorgt. Im Laufe der Jahre hat sich der lebende Stammbereich deutlich vorgewölbt – ein Symbol für ungebrochenen Lebenswillen des Baumes.

Auf der rechten Baumseite bewegt sich der lebende Stammteil kaskadenartig in die Tiefe und stellt ein optisches Gegengewicht zu dem Ast-Shari auf der linken Seite des Baumes dar. Die an dem Kaskadenteil wachsenden Äste sind reich verzweigt und tragen wolkenförmige Nadelpolster. Wichtig ist, daß die Nadelpolster nicht gleichförmig, flächenartig ausgeformt, sondern reich strukturiert sind. Das jeweilige Nadelpolster ist in viele kleine Unterpolster aufgeteilt. Zwischen den Ästen befinden sich dynamische Zwischenräume, die den Verlauf der „Kaskade" sichtbar machen. Auch im Kronenbereich erlaubt die Verzweigung immer wieder einen Blick auf den Stamm und die Linienführung der Äste.

In Japan wird die äußere Borke von den

lebenden Stammteilen immer wieder vorsichtig abgeschält. Man findet also nicht die typische, sich in Streifen ablösende dunkelgraue, alte Borke, sondern nur die jüngere, innere, glatte Borke in den verschiedenen Brauntönen. Dadurch wird der Gegensatz zwischen dem gebleichten, toten Holz und den lebenden Stammteilen verstärkt und gleichzeitig harmonischer. Das Abschälen der alten Borke muß sehr vorsichtig geschehen, damit die Siebbahnen im inneren Rindenteil und das dem Holz aufliegende Kambium nicht verletzt werden.

Die toten Stammteile (Shari) sind so bearbeitet, daß der Verlauf der Holzfasern mit ihren interessanten Richtungsänderungen deutlich sichtbar wird. Eindrucksvoll sind auch die gegenläufigen Bewegungsrichtungen vom oberen Shari-Bereich und dem kaskadenartigen Stammbereich.

Bei solchen Shari-Stämmen muß man den Übergangsbereich zum Erdboden sehr genau überwachen. Gern beginnt hier durch die Bodenfeuchtigkeit ein Fäulnisprozeß des toten Holzes. In diesem Bereich muß das Bleichmittel mindestens einmal pro Jahr sehr sorgfältig aufgetragen werden.

Die schwere Tokoname-Schale mit ihren weichen, abgerundeten Schalenecken hebt den Baum sehr eindrucksvoll in den Mittelpunkt der Betrachtung. Obwohl der Stamm genau in die Mitte der Schale gepflanzt wurde, befindet sich der optische Schwerpunkt des Baumes nicht in der Mitte der Schale. Der optische Schwerpunkt ist durch den kaskadenartigen Ast zur rechten Seite hin verschoben.

Bonsai-Sekai, Japan

Ein Baum mit fünf Stämmen

Baum: *Pinus parviflora* var. Himekomatsu (Mädchenkiefer), Höhe 87 cm, Mehrfachstamm.
Schale: runde Tokoname-Schale ohne Füße mit schwarzgrauer Ascheanflugglasur.

Die Mädchenkiefer (Pinus *parviflora* var. Himekomatsu) ist etwa 40 Jahre alt und als Mehrfachstamm (Kabudachi) gestaltet. Wurzel- und Stammbereich sind nicht, wie bei Bonsai meist üblich, auf eine Schwarzkiefer (*Pinus thunbergii*) aufgepfropft.

Um die zentrale Achse des Hauptstammes gruppieren sich vier weitere Stämme mit unterschiedlichen Bewegungsrichtungen. Diese Gestaltung ist für Mehrfachstämme eher ungewöhnlich, bei denen die Bewegungsrichtungen der einzelnen Stämme einander entsprechen sollten. Hier verleihen sie der Gestaltung einen besonderen Reiz und eine gute Tiefenwirkung. Alle Stämme kommen aus einem gemeinsamen Wurzelbereich, der an einen kleinen Schildkrötenpanzer erinnert. Da die einzelnen Stämme bei dieser Gestaltung sehr nah beieinander stehen, mußten sie voneinander wegstrebend gestaltet werden, damit sich die Laubpolster der einzelnen Äste nicht gegenseitig das Licht streitig machen.

Der sehr weit unten ansetzende erste Ast des Hauptbaumes fächert schnell in zwei Äste auf, die jeweils wie ein weiterer Stamm aufgebaut sind. Optisch erscheint die Gesamtgestaltung dadurch wie ein Siebener-Stamm.

Bei einer so dichten Gestaltung ist die Ausformung der Äste der einzelnen Stämme besonders wichtig. Das Zusammenspiel der genau ausgeformten Äste und der Freiräume zwischen ihnen läßt die Linienführungen gut verfolgen, ohne

dabei leer zu wirken. Die sehr flache und historische Schale ohne Füße ist handgearbeitet und im Feuerofen gebrannt. Die schlichte, zurückhaltende, runde Form entspricht dem Charakter der Baumgestaltung. Aussage und Stil der Schale würden auch gut zu einem Bunjingi (Literatenform) passen.

Bonsai-Sekai, Japan

Ein kräftiger Stamm

Baum: *Acer buergerianum* (Dreispitz-ahorn), 44 cm hoch, gelehnte Form.
Schale: ovale, unglasierte, hellbraune, teilhandgearbeitete Tokoname-Schale.

Der mächtige Stamm mit der alterstypi-schen, in Platten abblätternden Borke ver-leiht dem Dreispitzahorn den Ausdruck von Alter. Der ausladende Wurzelhals symbolisiert Kraft. Die Gesamtgestaltung entspricht der gelehnten Form (Shakan) in der frei aufrechten Variante. Hervorra-gend ist das ungleichschenklige Dreieck der Kronensilhouette herausgearbeitet. Die Ausgangspflanze für diese Gestaltung war ein viel höherer Baum, der drastisch eingekürzt wurde. Die dünnere Stamm-verlängerung auf der rechten Seite war ein Ast, der zur neuen Krone hochgedrahtet wurde.

Die drei Wurzeln des Stammfußes auf der rechten Seite sind angepfropft worden. Dazu wurden junge Bäumchen derselben Art seitlich angeschnitten und jeweils in einen entsprechenden Schnitt des Bau-mes eingepaßt. Nachdem eine vollstän-dige Verheilung stattgefunden hatte, wur-den die Bäumchen knapp oberhalb des Pfropfbereiches abgeschnitten.

Die ovale Schale ist in einer Form handge-arbeitet und stammt aus Tokoname. Das erdfarbene Braun der unglasierten Schale spiegelt sich in den Schattierungen der abgeblätterten Borke wider.

Besitz: Gruga-Park, Essen

Fest umklammern die Wurzeln den Fels

Baum: Dreispitzahorn, *Acer buergeri-*
anum, Höhe des Hauptbaumes 51 cm, im
Seki-Joju-Stil gestaltet.
Schale: schlicht, oval und dunkelblau glasiert.

Besonders eindrucksvoll ist bei dieser
Gestaltung die Umklammerung des Felsens durch beide Stämme. Gemeinsam
kommen beide Stämme aus einem Wurzelballen.
In der freien Natur entstehen solche
Baumcharaktere, wenn beispielsweise
Baumsamen auf einem Felsen auskeimen,
der nur wenig mit humusreicher Erde

bedeckt ist. Die sich verdickenden Wurzeln gleiten bei ihrem Wachstum an der
Oberfläche des Felsens entlang ins darunterliegende Erdreich. Im Laufe vieler Jahrzehnte spült Regenwasser immer mehr
des Erdreichs von dem Felsen ab, bis
schließlich der von Wurzeln umklam-
merte Felsen sichtbar wird.
Viele Jahre hat es gedauert, bis sich die
Wurzeln so kräftig entwickelt haben. Eine
so deutliche Dickenzunahme der Wurzeln kann nur stattfinden, wenn der Felsen
mit den umklammernden Wurzeln für
mehrere Jahre im Boden eingegraben
wird. Außerhalb des Bodens dauert der
Vorgang mindestens doppelt so lange.
Jahrzehnte geduldiger Arbeit hat es erfordert, um bei den Bäumen eine so dichte,
fein verästelte Krone zu erziehen. Wichtig

ist dabei, daß genau zum richtigen Zeitpunkt der Rückschnitt des Neuaustriebs stattfindet. Der Rückschnitt erfolgt hier auf ein bis zwei Blattpaare, wenn drei bis vier Blattpaare erschienen sind. Gleichzeitig wird bei dem äußersten verbliebenen Blattpaar ein Blattschnitt durchgeführt. Hierdurch wird eine feinere Verzweigung erzielt.

Die Kronen beider Bäume sind so gestaltet, daß sie zwar ein gemeinsames Gesamtbild ergeben, aber dennoch jedem der beiden Bäume gesondert zugeordnet werden können. Gemeinsam bilden beide Silhouetten ein ungleichschenkliges Dreieck.

Die Schale ist mit Bedacht sehr zurückhaltend in ihrer Form. Wie bei einem guten Gemälde hat der Künstler darauf geachtet, daß die Gesamtkomposition nicht überladen wirkt. Als kleines Zugeständnis ist die Glasur der Schale zu werten, deren dunkelblaue Farbe hier die Kühle des Wassers symbolisieren soll.

Bonsai-Sekai, Japan

Kaskade oder frei aufrechte Form?

Baum: *Pseudocydonia sinensis* (Schein-Zierquitte), Höhe 82 cm.
Schale: quadratisch und dunkelblau glasiert.

Den Baum einer Stilrichtung zuzuordnen, ist gar nicht so eindeutig möglich. Einerseits kann man ihn zu den Kaskaden rechnen, geht doch eine Bewegungsrichtung kaskadenartig noch unter die Schalenbasis hinab. Andererseits ist die „Kaskade" eher der erste Ast einer frei aufrechten Form.

Letztendlich ist die Zuordnung des Baumes zu einer bestimmten Stilrichtung nebensächlich. Eindeutig ist, der Baum hat eine starke Ausstrahlung.

Der Stamm besitzt sehr elegante Biegungen, die von unten nach oben immer weniger ausladend sind. Im Umkehrpunkt der ersten starken Stammbiegung entspringt der erste Ast, der kaskadenartig bis unter die Schalenbasis hinabreicht. Dadurch ergibt sich ein sehr langgezogenes, spitzwinkliges, ungleichschenkliges Dreieck, welches der Gestaltung eine starke Spannung verleiht.

Unterstrichen wird diese Spannung durch das wohlgesetzte Zusammenspiel zwischen optisch dichten Laubpolstern und konturenreichen Freiräumen.

Die ruhige Aussage der Schale stellt hierzu ein harmonisches Gegengewicht dar. Die Tiefe der Schale bildet zur Baum-Gestaltung sowohl ein optisches als auch ein tatsächliches Gegengewicht dar.

Gleichzeitig ist die dunkelblaue Glasur der Schale als Komplementärfarbe zu den hellrosa Blüten im Frühjahr zu verstehen. Sucht man nach einem Baummerkmal, zu welchem die Schalenfarbe als Komplementärfarbe dienen soll, wählt man in der Regel ein Merkmal aus, welches für die jeweilige Baumart besonders typisch ist.

Bei der Scheinquitte ist das sicherlich die Blütenfarbe im Frühjahr.

Insgesamt präsentiert sich der Bonsai in jeder Jahreszeit von einer neuen, gleich interessanten Seite. Im Frühjahr erscheinen gemeinsam mit den Blättern die einzeln stehenden, rosa Blüten. Im Sommer glänzen die dunkelgrünen Blätter. Der Herbst bietet die scharlachrote und gelbe Färbung der Blätter. Während im Winter der spannungsreiche Aufbau des exzellent gestalteten Baumes bewundert werden kann.

Bonsai-Sekai, Japan

Eine Hainbuche in Besenform

Baum: *Carpinus laxiflora* (Japanische Hainbuche), Höhe 62 cm, Besenform.
Schale: oval, mattbeige Glasur.

Normalerweise verbindet jeder Bonsai-Liebhaber mit der Besenform die Zelkoven als typische Baumart. Diese japanische Hainbuche zeigt, daß auch andere Baumarten meisterlich in dieser Grundstilart gestaltet werden können.

Hervorragend gelungen ist die Synthese zwischen den typischen Merkmalen der Baumart und dem Wesen der Grundstilart. Über einem gut ausgebildeten Stammfuß erhebt sich ein zunächst gerader Stamm, der sich schon bald in eine halbkugelförmige Krone auflöst. Dabei zweigen auch immer wieder dünnere Nebenäste mit abwärts geneigter Bewegungsrichtung von den dickeren Hauptästen mit aufwärts gerichteter Bewegungsrichtung ab, um der Krone ihre Halbkugelform zu geben. Die sanften Biegungen in den Ästen sind ebenfalls arttypisch für die Hainbuche.

Die recht deutlichen Änderungen in der Wuchsrichtung der Äste kommen bei den Hainbuchen dadurch zustande, daß die Endknospen häufig absterben und aus einer seitlich stehenden Nebenknospe der neue Leittrieb hervorgeht. Diese Erscheinung ist für alle Birkengewächse typisch und sollte bei der Gestaltung zum Bonsai beachtet werden.

Der Bonsai-Meister hatte von Anfang an das Ziel, den Baum in dieser Grundstilart zu gestalten, worauf das Fehlen von harten Schnittstellen hindeutet. Auch können wir keine Drahtspuren entdecken, obwohl ohne Drahtungen die Linienführungen der einzelnen Äste nicht zu schaffen waren. Um ein solches Meisterwerk zu schaffen, muß man den Baum ständig gut beobachten, um eine eventuell vorhandene Drahtung zu genau dem richtigen Zeitpunkt zu entfernen. Hierbei sind die stärkeren Äste besonders aufmerksam zu beobachten, da durch deren verstärktes Dickenwachstum der Draht besonders schnell einzudrücken beginnt.

Bei der weiteren Erhaltung und Verfeinerung der Form kommt man vollständig ohne Draht aus. Hier wird nur noch mit der Schere weitergearbeitet.

Die Schale unterstreicht mit ihrer zurückhaltenden Form den ausgeglichenen Charakter des Baumes. Die Farbe der Glasur findet sich in der Herbstfärbung des Baumes wieder.

Wie das Beispiel hier sehr deutlich zeigt, kann auch eine in Serie, das heißt eine maschinell hergestellte Schale, ohne weiteres die Schale der richtigen Wahl sein. Bei der Auswahl der richtigen Schale für einen konkreten Baum ist nicht die Art der Herstellung der Schale entscheidend, sondern die Gesamtaussage, die man der Gesamtgestaltung geben will.

Besitz: Bonsai-Centrum, Heidelberg

Immer überwältigend

Baum: *Cydonia oblonga* (Quitte), Höhe 98 cm, frei aufrechte Form.

Schale: tief rechteckig, mit blauer Glasur, historisch und handgearbeitet.

Die Quitte zeigt alle Merkmale eines hervorragenden Bonsai. Der überzeugend gestaltete Wurzelhals bewegt sich mit seinen Wurzeln sternförmig vom Stamm weg und ins Erdreich hinein. Der majestätische Stamm entwickelt sich harmonisch aus dem Stammfuß und geht in dezenten Schwüngen zur Spitze hin. Die Anordnung der Äste entspricht zwar nicht immer den Grundforderungen an eine gute Gestaltung, ist aber doch sehr überzeugend. Das Blau der Schale ist die Komplementärfarbe zu den rosa Blüten. Die kantige Form der Schale bildet einen harmonischen Gegensatz zur Linienführung von Stamm und Ästen.

Bonsai-Sekai, Japan

Anhang

Adressen

Bonsai-Fachbetriebe
Deutschland

Japan-Bonsai Berlin
J. u. M. Pfeifer
Krumme Straße 52
D-10627 Berlin

Bonsai-Centrum
Edling
Budapester Straße 2
D-10787 Berlin

Bonsai und Blumen-
boutique 46
Christian Gromadecki
Mehringdamm 46
D-10961 Berlin

Pflanzencenter in Steglitz
Dipl.-Ing. H. Babazadeh
Schloßstraße 34/35
D-12163 Berlin

Pluta Gartencenter
Marienfelde
Buckower Chaussee 76–79
D-12277 Berlin

Bonsai-Garten
W. Tunnat
Gärtnerstraße 24
D-20253 Hamburg

Bonsai-Fachgeschäft
Siegfried Markwart
Röpraredder 2
D-21031 Hamburg

Bonsai
Wolfgang Bulda
Rübenkamp 5 d
D-22305 Hamburg

Bonsai-Centrum Elsholz
Röntgenstraße 3
D-24537 Neumünster

Bonsai-Börse
Bernward Wagner
Wyckstraße 11
D-28213 Bremen

Bonsai-Schule Enger
Hermann Pieper
Feldstraße 41
D-32130-Enger/Steinbeck

Bonsai-Zentrum Bünde
Blumen Richter
Holser Straße 49
D-32257 Bünde

Helgas Bonsai-Garten
H. u. D. Newels
Altenfeldsweg 9
D-35394 Gießen

Bonsai-Studio Müller
Spandauer Weg 16
D-37085 Göttingen

Bonsai-Werkstatt
Werner Busch
Hammer Dorfstraße 167
D-40221 Düsseldorf

Bonsai-Garten
Walter Brandt
Geistenbecher Straße 81
D-41199 Mönchengladbach

Bonsai-Studio Neuss
Baumschule Nabben
Schwarzer Weg 19
D-41466 Neuss-
Reuschenberg

Bonsai-Centrum Wuppertal
Blumen Kiekuth
Wittener Straße 306
D-42279 Wuppertal

Bonsai-Laden
Feldhaar
Karlstraße 12
D-46414 Rhede

Bonsai-Botanicum
Wilfried Geßner
Grünstraße 39
D.46483 Wesel

Bonsai-Zentrum
Wolfgang Klemend
Weseler Straße 57
D-48151 Münster

Blumenhaus Günzler
Am Rabenack 8
D-56346 St. Goarshausen

Bonsai-Shop
Friedrich Rohleder
Braache 10
D-57234 Wilnsdorf-
Niederdielfen

Bonsai-Zentrum Frankfurt
Bonsai-Rüger
Sandweg 6
D-60316 Frankfurt

DIE GALERIE
Bonsai Rüger
Neuer Weg 9
D-61137 Schöneck

Bonsai-Garten Oberursel
Harro Peschmann
Adenauerallee 9
D-61440 Oberursel

Bonsai-Studio
Christa Triesch
Pappelweg 8
D-63674 Altenstadt-
Waldsiedlung

Bonsai-Studio
Geiss
Vogelsberg 14
D-63679 Schotten

Bonsai-Laden
Hößbacher
Bahnhofstraße 49
D-63743 Aschaffenburg

Bonsai-Garten Klotz
Bahnhofstraße 10
D-63853 Mömlingen

Bonsai-Zentrum
Karl-Heinz Pohlenz
Urberacher Weg 40
D-64807 Dieburg

Bonsai-Laden
Dieter Ott
Rheintalstraße 27
D-65199 Wiesbaden

Bonsai-Kunst
Kiefer
Stefanstraße 3
D-66127 Saarbrücken

Bonsai-Centrum Heidelberg
Paul Lesniewicz
Mannheimer Straße 401
D-69123 Heidelberg

Bonsai-Ecke Schwarz
Dieter Schwarz
Haugweg 19
D-71711 Murr

Bonsai-Schule Brandt
Mittlere Oberaustraße 7
D-77963 Schwanau

Bonsai-Centrum München
A. Bauer & Co. KG
Schleißheimer Straße 458
D-80935 München

Kofuku-Tei en Bonsai
G. Vorderwülbecke
Hohenofener Straße 92
D-83024 Rosenheim-
Brucklach

Bonsai
Theo Eppers
Streudorf
D-91710 Gunzenhausen

Bonsai-Markt
Peter Wehrl
Alexanderstraße 7
D-95488 Eckersdorf

Bonsai-Lädchen
Volker Eppler
Rosenstraße 9
D-97618 Wülfershausen/S.

Handgetöpferte Schalen

Peter Krebs
Oststraße 9
D-35745 Herborn

Bonsai-Fachbetriebe Österreich

Gartencenter AG
Bellaflora
Zaunmüllerstraße 1
A-4020 Linz

Austria Bonsai Import
Gottfried Kattnig
Obertweng 12
A-9545 Radenthein

Japan Bonsai
Schloßau 46–48
A-9871 Seeboden

Bonsai-Fachbetriebe Schweiz

Bonsai-Zentrum Schinznach
Hermann Zulauf AG
CH-5107 Schinznach Dorf

Bonsai-Garten-Zürich
E. Gutmann
Laufferweg 8
CH-8006 Zürich

Bonsai & Exotic Plants
Reni Staudacher
Seefeldstraße 44
CH-8008 Zürich

Bonsai-Centrum Russikon
H. Waffenschmidt
CH-8332 Russikon

Bonsai-Park St. Gallenkappel
Oberrheinstraße 18
CH-8735 St. Gallenkappel

Bonsai Clubs

Deutschland
Bonsai-Club Deutschland
c/o Dietmar Schüler
Konviktstraße 1
D-79098 Freiburg

Österreich
Österreichischer
Bonsai-Club
Zaunmüllerstraße 1
A-4020 Linz

Schweiz
SBC
Schweizer Bonsai-Club
CH-5107 Schinznach-Dorf
AG

Register

Halbfette Seitenzahlen verweisen auf Abbildungen.